喫茶（カフェ）チェーン観察帖（ノート）

CAFE CHAIN STORE NOTE

飯塚めり

MERI IIZUKA

KANZEN

はじめに

個人経営店でも喫茶チェーンでも、いつも周りを観察しているわたしです。
あまりお店の人とおしゃべりをしない質（たち）だから、余計その傾向を極めてしまいました。
たとえば個人経営店なら、メニュー表やインテリアなどをじっくり眺めて
店主さんの趣味嗜好へまで想像をめぐらす……みたいなことは、いつもやっていること。
それは奥手なわたしができる、屈折しているけれど、でも精いっぱいのコミュニケーションで、
そのお店のことがやっぱり好きだからこそ、観察と妄想が止まらないのです。

喫茶チェーンの場合は、個人店のような店主さんはいないかもしれないけれど
同じお店に何軒か通うと「人格（キャラ）」を感じることがあります。
オシャレで気さくなスタバさんとか、
マニアックでお茶目な老マスターのルノアールさんとか。

それは、必ずしも計算されたものではなくて、お店のこだわりや歴史などから
にじみでてしまった、マニュアルを越えた「味」なんだと思っています。
その「人格のようなもの」にやっぱりわたしは惹かれているからお店に通うだろうなと。

本書は、さまざまな喫茶チェーンの〝生態〟を
観察者（という名のお客さん）目線でこつこつと描きためたものです。
だからこの本は、データや網羅性に軸を置いたものではないですが、
同じような気持ちでお店に通っている人たちもきっといるのではと感じますし、
おもしろがってもらえるのではないかな……と思っています。

では、めくるめく喫茶チェーンの絵日記帖、はじまりはじまり。

＊本書の内容は訪問時のものです。メニューやお店の情報は掲載されているものから変更があることがございますので、まずはお店に通って楽しんでみてくださいね。

今日の気分は どの 喫茶チェーン？

喫茶店は気分や用途によって
行きたいお店が変わるもの。
ファッション誌の
一週間コーディネートよろしく、
シチュエーションで喫茶チェーンに
訪れるシーンを描いてみました。

CHAPTER 1

行ってきます！

週のはじまりは定番カフェで
一日のスイッチを入れる。

▶P9 CHAPTER1へ

CHAPTER 2

窓が大きなお店が多いのも
リフレッシュできます
往来を眺めたい……

気軽なセルフコーヒーショップで
サクッと気分転換。

▶P27 CHAPTER2へ

CHAPTER
3

飴色の空間に
うずもれる……
COFFEE

昭和なムードのお店なら、
ちょっとした休憩時間も濃密なものに。

▶P49 CHAPTER3へ

CHAPTER
4

連帯感も強まって
話もはずむのだ

きょうは打ち合わせ。
個人空間が広めのお店でじっくりと。

▶P77 CHAPTER4へ

CHAPTER
5

ご当地カフェが
ぞくぞく進出してきて
たのしいな

ターミナル駅で買ったご当地カフェの
コーヒーを味わいながらお出かけ。

▶P93 CHAPTER5へ

CHAPTER
6

ウッディーな内観とか
かわいいインテリアとか

喫茶店以外の飲食チェーンでも、
できればカフェ気分を楽しみたい。

▶P109 CHAPTER6へ

CONTENTS

CAFE CHAIN STORE NOTE

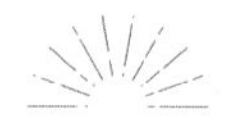

CHAPTER 1

安心のクオリティ 超王道喫茶チェーン

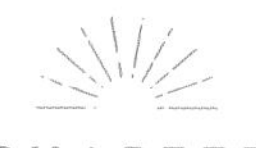

CHAPTER 2

気軽にふらっと セルフコーヒーショップ系チェーン

CHAPTER 3

なつかしい雰囲気にいやされる 渋め喫茶店系チェーン

CHAPTER 4

大人の社交場 打ち合わせ空間的喫茶チェーン

CHAPTER 5

地方から首都圏へ 東京へやってきたローカル喫茶チェーン

CHAPTER 6
カフェに使える他ジャンルチェーン

コラム

ミニコラム

CHAPTER 1

安心のクオリティ
超王道
喫茶チェーン

絶妙なコミュニケーション力と安定したエンタメ感に酔いたい

STARBUCKS
スターバックス

ラテよりもさっぱり飲めるので
秋冬はカフェミスト派なのだ。
ベタ甘すぎずちょっと揚げた香ばしい味がいいし〜
ずっと好き!!
シュガードーナツ
もくもく…
前はこればっかりたのんでいたなァ…
300kcal近くある
この日のカフェミストに合いますヨ…とカボチャのスコーンを付けて下さった。
ときどきあるうれしいサービス
ゴハンとゴハンの間にたべちゃってたこともある…
スタバでいちばんたのむのはやっぱりコレ!
STANDARD
定番メニュー
アイスのスターバックスラテ!!
トール氷少なめ……とすると
その分ミルク多めにしますか?
ご提案くださるのでうれしい。

〝スタバを味わうための背伸び〟をしていた時期がありました。学生のころ、そもそもわたしはコーヒーがあまり飲めなくて、ついでに、食事に添える飲みものが、甘かったりミルキーだったりすることにも慣れなかった。それでも、街で見かけるスタバはかっこよくて、頼めそうなメニューをおそるおそる探りながら通っていた記憶があります。

そんなスタバになじんでいくきっかけとして大きかったのは、社会人になり、会社に行く途中のお店に寄る習慣ができたこと。朝、コーヒーを飲むとシャキッとして一日を〝ヤッテヤル〟という気分になるし、洒落た空間に寄っていく習慣も、気持ちをあげてくれる。

店内で少しくつろいだのち、持ち出して会社でちびちび飲むのも、カフェの延長にオフィスがあるみたいで、ささやかなぜいたくでした（軽減税率の件で、その楽しみ方が複雑になってしまったのはさみしいところです）。

クッキー&クリーム
シフォンケーキ
シフォンケーキに
合うコーヒーも
ドウゾ♪とつけてくださった
スタバのシフォンケーキはあるとうれしいデザート
こっちはカフェミスト
イングリッシュマフィン
ほうれん草とソーセージ
イングリッシュマフィンはおいしい!
…ということを教えてくれたのはマックとスタバだったと思う
チーズがとろけてるのがソソル!
秋のさつまいもシフォンがとくに好き
(スイートポテトシフォン)
シフォンケーキには「チョコソース」をトッピングするのもおすすめ!
いっぱいたのしめてぜいたくう
中身は変わるけどマフィンサンドは定番よね
クリームチーズが中央に入ってるの
レモンポピーシード&クリームチーズ!!!
ケーキ部分のプチプチ(ポピーシード)がおいしいの!!!
ときどき復活するけどもレギュラーに戻ってほしい…
CLASSIC
なつかしメニュー
アイスチャイティーラテ
夏めいてくるとアイスのチャイがおいしい。
甘ったれスパイシーがウマァ!!
シナモンパウダーをトッピング
「チャイシロップ」を増してもらうのもGoodです。

なんなら、朝寄っていくスタバが近隣にあるかどうかで、勤務地を選んでいたフシだってあるくらい。そのとき働いていた場所と交互に思い出す、お店とその店員さんたちのこと。

一度身近なものとすることができれば、シックな雰囲気や、店員さんによる洗練されたコミュニケーション、季節のメニューへのわくわく、冬になるとカップがクリスマスっぽくなること……などなど、味わい方はどんどん広がります。

いまでも、スタバが「コミュ強すぎる」イメージのあまり「近づきにくい……」という声を耳にしたりしますが、むしろコミュニケーション力が卓越してるからこそ醸し出されている、万人を包み込んでくれるウェルカムなムードを、どうか日々の味方にしてほしいなと思います。

なじみさんに聞いてみると目からウロコのカスタム知識を得られることも。

アイスチャイにエスプレッソショット入れるといいですヨ~

へぇ~っ!!!

LIMITED
限定メニュー

フルーツゼリー
クリーム
「プリンを飲む」という発想がいいよねと思いつつ…
やはりプリンは固型で食べたいもの…という気持ちも起こりフクザツだぜ
サクランボ
プリンアラモードフラペチーノ
プリンアラモード!!
フラペチーノであることでちゃんと「アラモード」要素を満たすことになってるんだね〜

チェーン店「擬人化」計画!

なんといってもスタバさん(以下、お店の向こうに人格(キャラ)をみているときは「さん」付け)の「ソツなさ」はすごすぎる。ふだん、コミュニケーション強者には怯えてしまいがちな奥手のわたしですが、スタバさんはひと味違うんだよな。「真」のコミュ強というか……。こちらがどういう人間なのかをわかったうえで、最適化したコミュニケーションを選べる人のような。だから、他のお店がやった場合は「ヘッ」と斜に構えて受けとめてしまいがちなシャレオツ新メニューだって、「きみが薦めるならばよいものなのだろう……」とスンナリ受け入れられてしまうのでした。

めりがかさらん
エッ
わたしにも気さくに来てくれるのっ

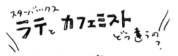

スターバックス
ラテとカフェミストどう違うの?

★カフェミストは
フォームミルク+スチームミルク
+ドリップコーヒー

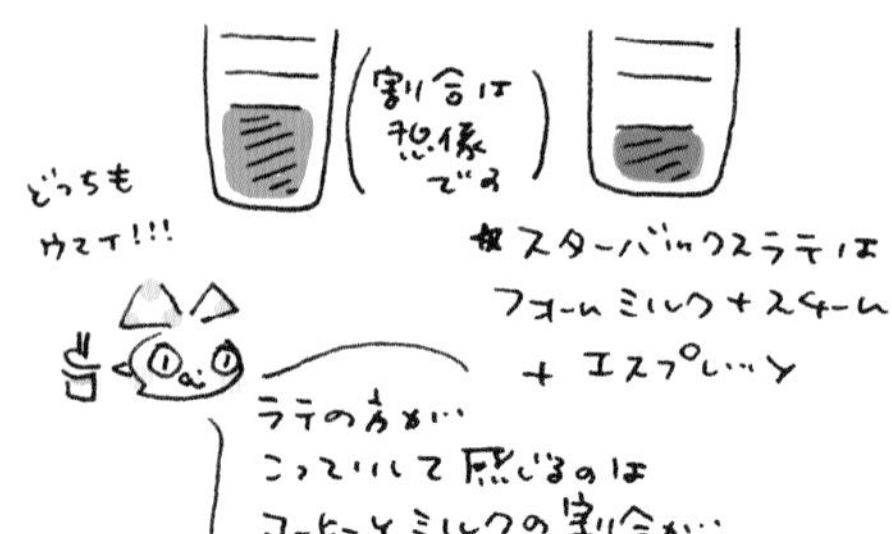

割合は想像です
どっちもウマイ!!!
★スターバックスラテは
フォームミルク+スチームミルク
+エスプレッソ
ラテの方が
こっていして感じるのは
コーヒーとミルクの割合が…
ちがうからだそうな

筆者は
夏はラテ(アイス)
冬はカフェミスト
が好きです

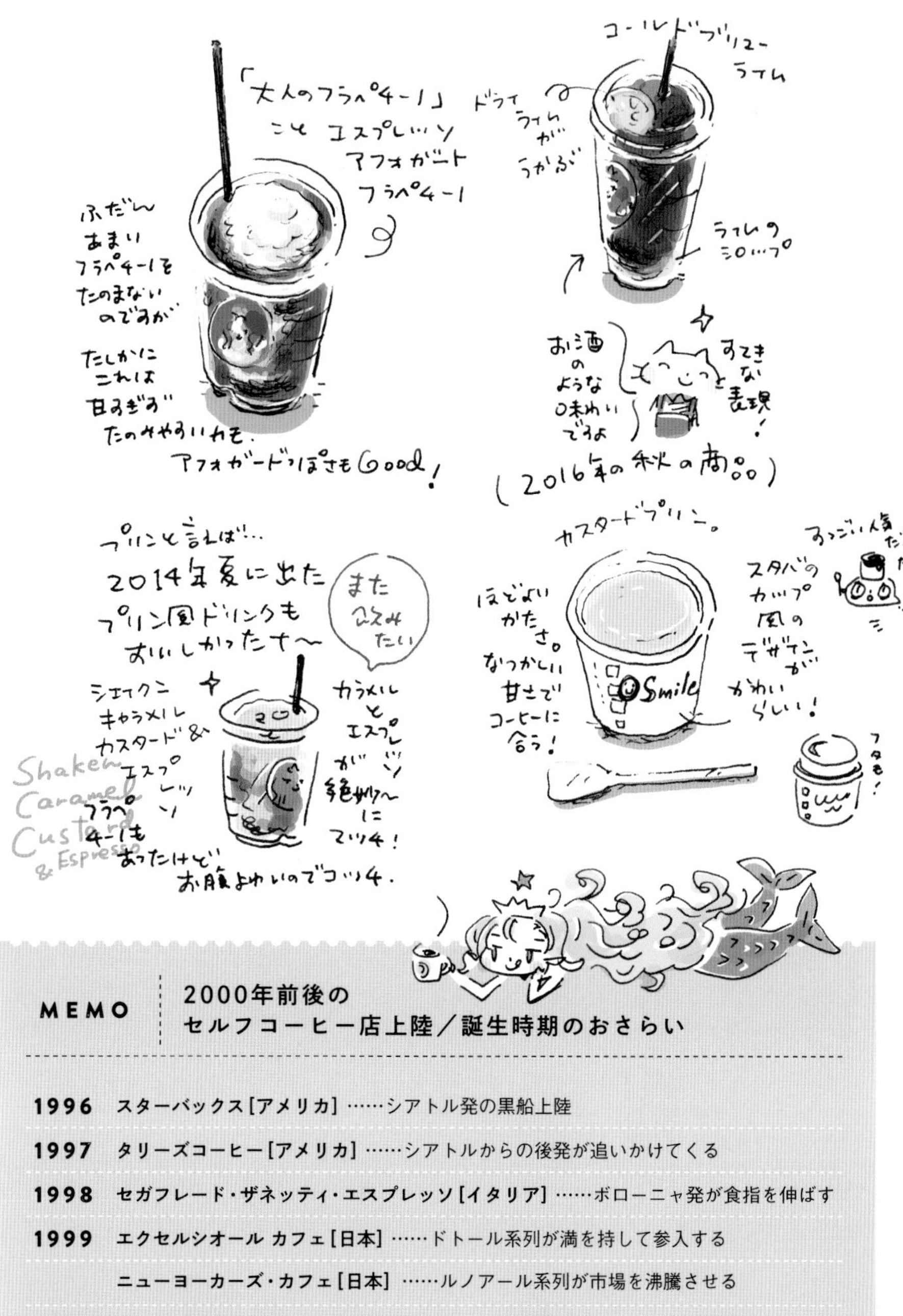
「大人のフラペチーノ」こと エスプレッソ アフォガート フラペチーノ
ふだん あまり フラペチーノを たのまないのですが たしかに これは 甘すぎず たのみやすいかも。
アフォガードっぽさもGood!
コールドブリュー ライム
ドライライムが うかぶ
ライムのシロップ
お酒のような味わいですよ
すてきな表現!
(2016年の秋の商品)
プリンと言えば…
2014年夏に出た プリン風ドリンクも おいしかったナ〜
また飲みたい
シェイクン キャラメル カスタード& エスプレッソ フラペチーノも あったけど お腹よわいのでコッチ。
Shaken Caramel Custard & Espresso
カラメルとエスプレッソが絶妙〜にマッチ!
カスタードプリン。
ほどよいかたさ。なつかしい甘さでコーヒーに合う!
スタバのカップ風のデザインがかわいらしい!
すっごい人気だったネ
フタも!
Smile

MEMO 2000年前後の セルフコーヒー店上陸／誕生時期のおさらい

1996 スターバックス［アメリカ］……シアトル発の黒船上陸

1997 タリーズコーヒー［アメリカ］……シアトルからの後発が追いかけてくる

1998 セガフレード・ザネッティ・エスプレッソ［イタリア］……ボローニャ発が食指を伸ばす

1999 エクセルシオール カフェ［日本］……ドトール系列が満を持して参入する

ニューヨーカーズ・カフェ［日本］……ルノアール系列が市場を沸騰させる

2000 ブレンズコーヒー［カナダ］……バンクーバー発が最終ランナーとして登場

INTERIOR
内観

青山ビルディングな
すごく広いというわけではないけれど
区画ごとに座席や床などを変えていて
広々空間に感じられるのだ
カウンター
近隣のオフィスの人とおぼしいお客さん
(カードキーさげてる)
パソコン人口はどのスタバでも多めだね
ベンチっぽい席
床板もヘリンボーンみたいでおしゃれ。
ゆとりのある席配置とつくり。
初期スタバのようだ!
赤いタイルもかっこいい
タップが常設してある。
テーブルやイスもおしゃれ
スタバの青山ビルディングなにて。
ナイトロコールドブリュー
ムースフォームダークキャラメル
ダークなビールみたいな見た目!
限定店舗のみ
グラスを傾けて飲めばアワを貫通して下のコーヒーが流れてくるのだ!
ストローやスプーンなしでサーブされる
見た目からそうだけど
ビールのように飲んでほしいのだということかと…
キャラメル味の泡の風味とコーヒーがあわさって絶妙のような。

MEMO

「サイレンさん」が気になってます

ギリシャ神話の怪物。セイレーン
歌声で舟を沈めるよ
神話上はこういう姿。
読みの方がよく聞くよね。
siren
サイレンさん
スタバはキャラ?が好きなのでヨ。
人外好きなので…
脚?を組ませてみた

KEIO
STA UCK OFF
このへんの席からも駅の往来が見えてGood
駅の人を眺められる席だ!!
エスカレーターや電車も見えてワクワク!
ここはJR線のホームなの!!
また語学のレッスン
平行していろいろな空間が見えるのがスキ!!

SHOP DATA

スターバックス ● 歴史：1996年～（アメリカでは1971年～） **運営会社：**スターバックス コーヒー ジャパン 株式会社 **一号店：**銀座松屋通り店 **MENU：**ドリップコーヒー、スターバックスラテ、ベーコンとほうれん草のキッシュ

進化し続ける街の珈琲店は いつだって「ド定番」

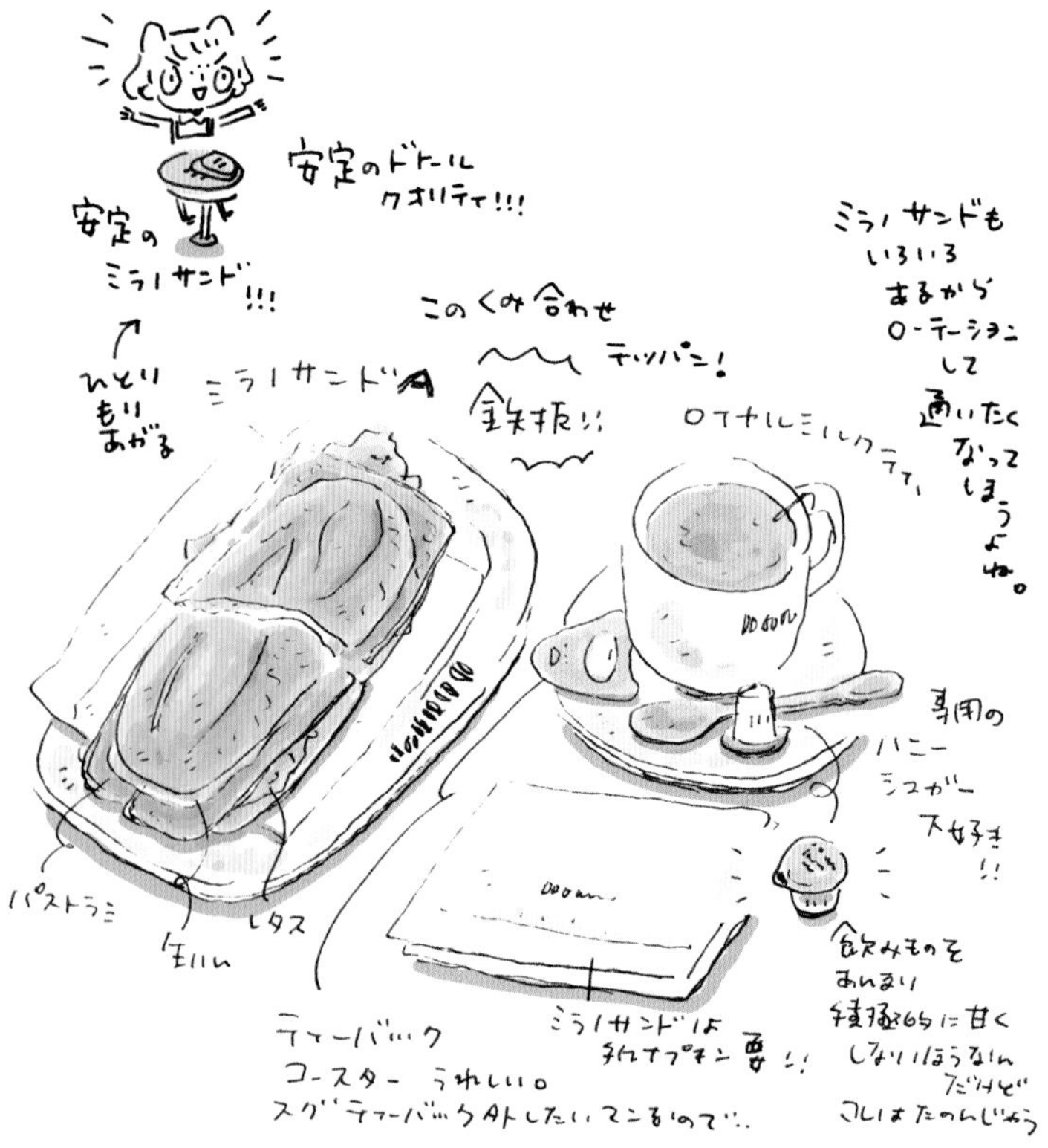

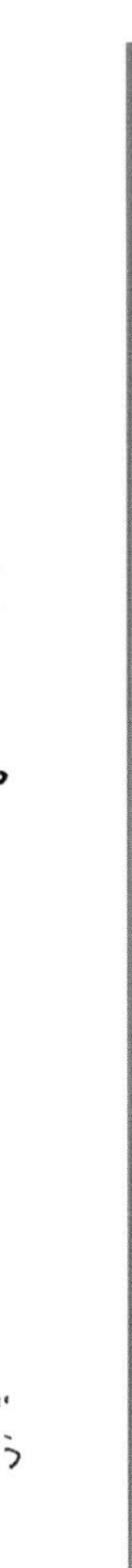
安定のドトールクオリティ!!!
安定のミラノサンド!!!
ひとりもりあがる
ミラノサンドA
このくみ合わせテッパン!
鉄板!!
ロイヤルミルクティー
ミラノサンドもいろいろあるからローテーションして通いたくなってしまうよね。
専用のハニーシュガー大好き!!
飲みものをあんまり積極的に甘くしないほうなんだけどコレはたのんじゃう
ミラノサンドは紙ナプキン要!!
ティーバッグコースターうれしい。スグティーバック外したいマンなので…
パストラミ
生ハム
レタス

STANDARD
定番メニュー

DOUTOR COFFEE SHOP
ドトールコーヒーショップ

一時期、ネット掲示板の「ドトールスレ」を定点観測していたことがあります。そこで、新メニューについてなどの有用な情報をいろいろと手に入れていました。もうだいぶ前のことですが、とにかくそのころは、自分が推すものの「スレ」をのぞいてメタ的に物ごとを鑑賞しないと気がすまなかったのです。ドトールスレは今も脈々と続いていて、その名は「ドトール de マターリスレ」といいます。「マターリ」（まったり、の意）っていうネットスラングがもはやネット古語で時代を感じるね。

ドトールのすごいところ。そんな「スレ」が登場するよりもさらに前、1980年に一号店が誕生し、時代的には本来ちょっぴりレトロなはずなのに、まったくと言っていいほど、そんな古めかしさを感じさせないというところ。

地道にその時代その時代でアップデートを重ねているのは、ほかのチェーンだってそうなのでしょうが、ドトールはそれが数段巧みなのでは

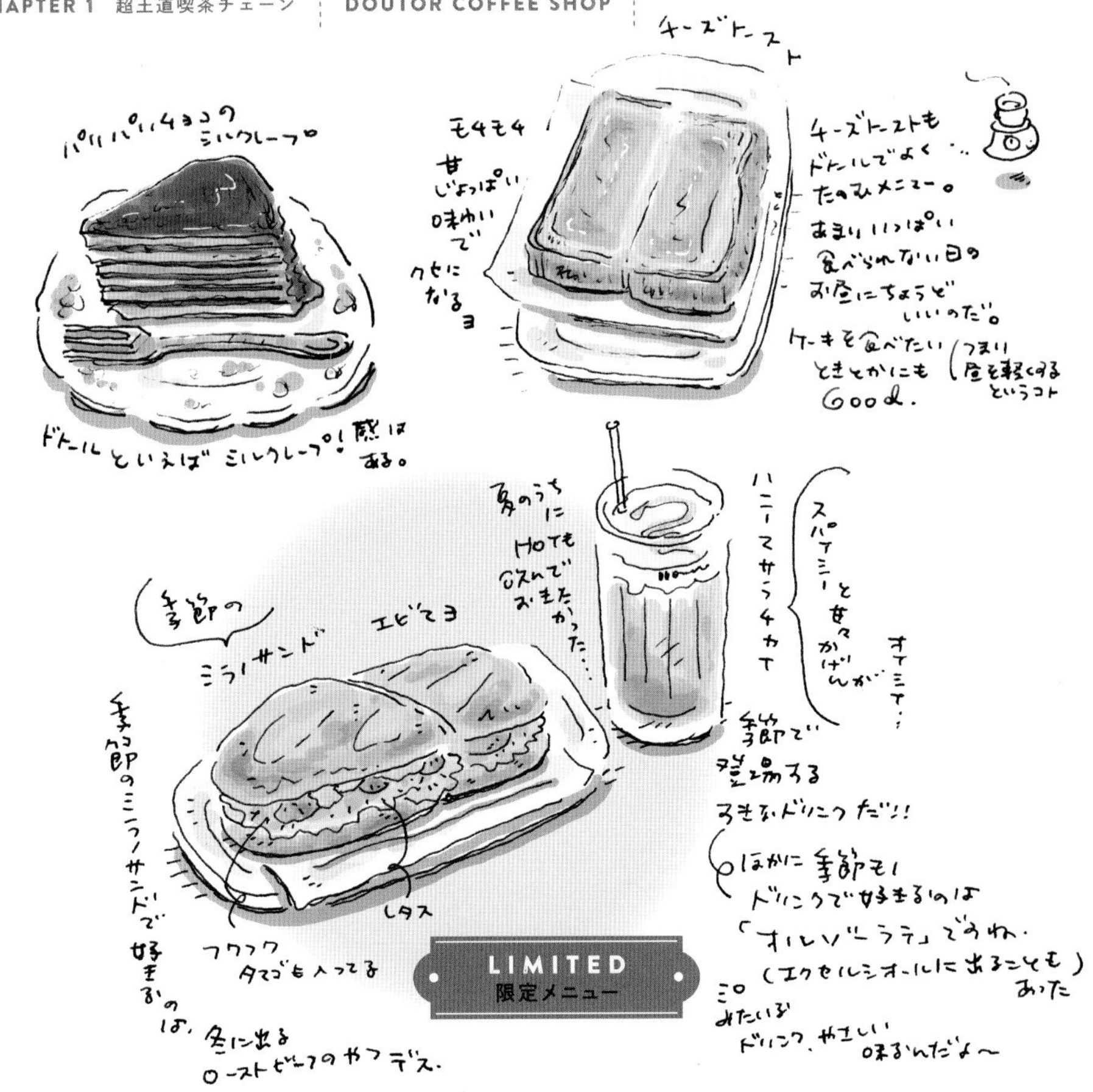
パリパリチョコのミルクレープ
ドトールといえばミルクレープ！感はある。
チーズトースト
モチモチ
甘じょっぱい味わいでクセになるヨ
チーズトーストもドトールでよくたのむメニュー。
あまりいっぱい食べられない日のお昼にちょうどいいのだ。
ケーキを食べたいときとかにもGood.
（つまり昼を軽くするというコト）
夏のうちにHOTも飲んでおきたかった…
ハニーマサラチャイ
スパイシーと甘々かげんがオイシイ！
季節の
ミラノサンド エビタマ
季節で登場するすきなドリンクだ！！
ほかに季節モノドリンクで好きなのは「オレンジラテ」ですね。
（エクセルシオールに出ることもあった）
ミロみたいなドリンク、やさしい味なんだよ～
季節のミラノサンドで好きなのは、冬に出るローストビーフのやつデス。
フワフワタマゴも入ってる
レタス
LIMITED
限定メニュー

……と感じます。たとえば、エクセルシオール カフェやカフェ レクセルなど、時代にあわせた業態店を生み、そのお店のいいところ……たとえばエクセルシオールの白っぽい照明やふかふかソファ席など、を本家ドトールに導入して本家ごとアップデートしたり。それが、いつの時代にもしっくりと馴染んでいる秘密なのかな……と個人的ににらんでいます。

ちなみに、なつかしい雰囲気のするドトール（黒い看板が目印。モダンなお店は「白ドトール」と呼ぶ）をときどき見かけますが、「そうそう、ドトールってこんな感じだった！」とかつての姿を思い出すことができて、こちらはこちらでわたしは大好物です。

MEMO ドトールの家系図みたいな

1962 コーヒーの焙煎会社として設立

1972 **カフェ コロラド** 日本最初期のボランタリー喫茶チェーン店[*]

1980 **ドトールコーヒーショップ** ヨーロッパのカフェをイメージ

1996 **カフェ マウカメドウズ**（2020年現在は株式会社レドゥが運営）
ハワイをイメージした喫茶店

1998 **ル・カフェ ドトール** 銀座一等地の最上級ドトール

1999 **エクセルシオール カフェ** イタリアンエスプレッソを中心としたカフェ

2007 ドトール・日レスホールディングス

2009 老舗ベーカリーチェーン、サンメリーを買収

2010 **カフェラミル／ニナス／オーバカナル** を事業譲受（ レドゥ が運営）

2011 **星乃珈琲店** 日レス
ファミレス風／ドリップ珈琲とパンケーキが売り

2013 **オスロコーヒー** 日レス
北欧をイメージした高級路線コーヒー店

2014 **カフェ レクセル** スペシャルティコーヒー店

2015 **パンの田島** コッペパンサンド専門店 サンメリー

2016 **神乃珈琲** ブルーボトルの競合?
ラボ風スペシャリティコーヒーカフェ プレミアムコーヒー＆ティー

2017 **本と珈琲 梟書茶房** 「かもめブックス」代表の柳下恭平さんとコラボのブックカフェ
ドトール珈琲農園 高級ファミレス風郊外型カフェ

＊ボランタリーチェーン
小売業者が集合し組織化して仕入れを行う形態のこと。チェーンとしてのおおよその体裁は統一されるが個々の店舗の独立性は高い。

ジャーマンドック.
シンプルおいしい.
ソーセージはかじると
肉汁が!!!

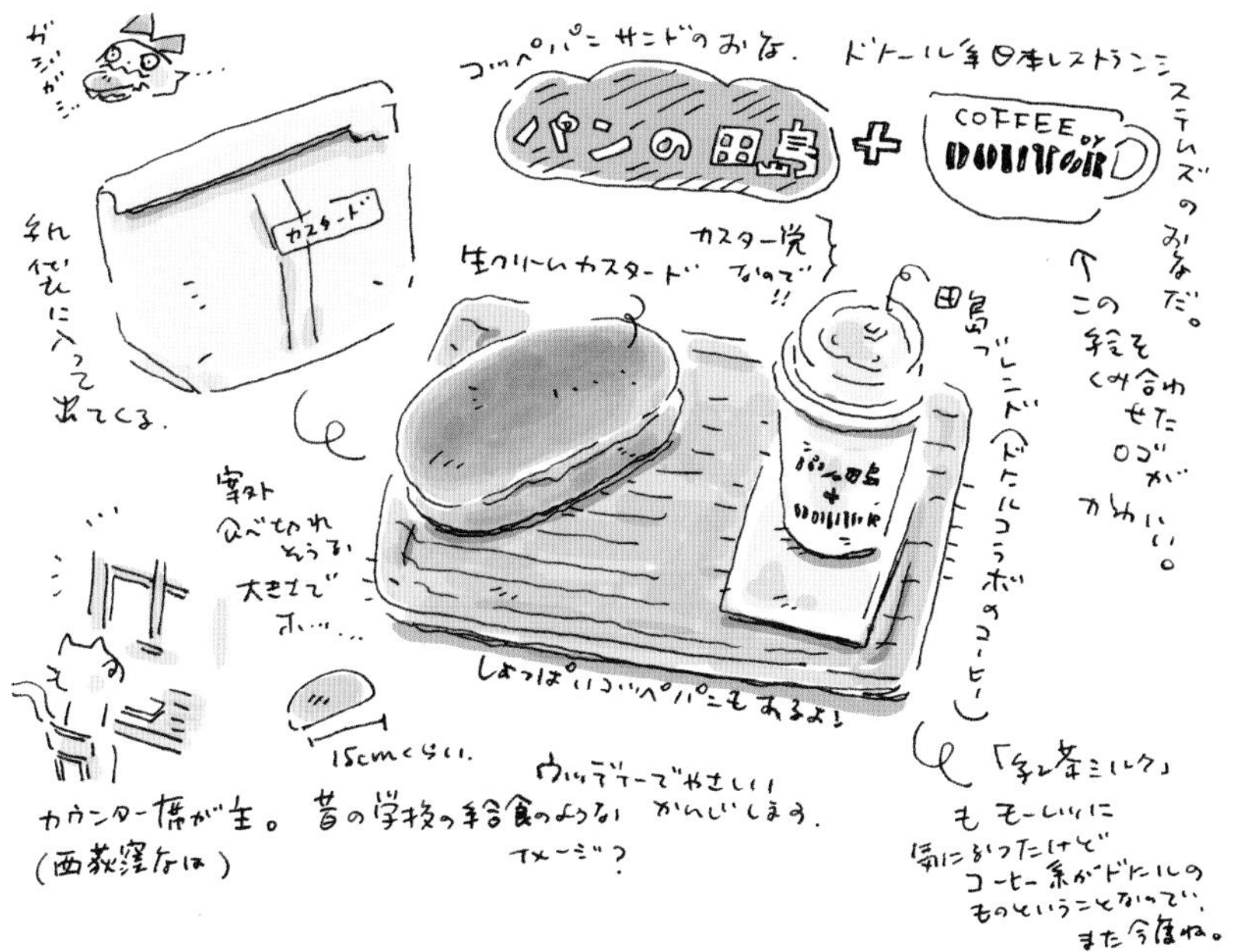
ガジガジ
コッペパンサンドのお店。ドトール＆日本レストランシステムズのお店だ。
パンの田島 + COFFEE by DOUTOR
それぞれに入って出てくる。
カスタード
生クリームカスタード
カスター党なので!!
田島ブレンド（ドトールコラボのコーヒー）
↑この絵をくみ合わせたロゴがかわいい。
案外食べきれそうな大きさでホ…
しょっぱいコッペパンもあるよ！
15cmくらい。
ウッディーでやさしいイメージ？
カウンター席が主。（西荻窪店は）
昔の学校の給食のようなかんじします。
「紅茶ミルク」もモーレツに気になったけどコーヒー系がドトールのものということなので、また今度ね。

いろいろあるぞ
ドトールファミリー

ドトール系ブックカフェ
池袋
梟書茶房
FUKUROSHOSABO
プレーンシフォン
できたてのころは混んでそうだったので落ちつくまで待っていた…
のみやすい味でスキです。
伝票がわりのカギ
本がつんである
絵入り。
コースターかわいい。
アイス・カフェラテ
「BOOKシフォン」とのこと。
こういうことね。
BOOK
本を読んですごさなくても別にOK
図書室みたいな席で絵を描いてても気にならない。
その席ごとにご本が用意されている。
ひとり分の広さも
メニュー構成自体はけっこうがっつりのものとかあってレストランlikeなかんじ。
100席以上あるし駅ビル内だしいろんな客層を見込んでなんでしょうね。

チェーン店「擬人化」計画！

これはドトールだけではなく、ドトール系列(ファミリー)のお店全般から感じる「キャラ」なんですが、「一緒にいて不思議といやされる友人」みたいに思っています。すごく突出した個性があるわけではないけれど、つい一緒にいてしまう、一緒にいたくなる人っていますよね。意識してないけど、気が付くといつもそばにいるなぁ、みたいな。

気づくといつも一緒
ホッ…
エクセルシオールさんも!!

LIMITED
限定メニュー

冬のミラノサンド　ローストビーフ

10年くらい前からある

毎年コレだけは食べる!!!
おいしいのだ〜

お肉くってカンジあるの。

赤ワインソースのぜいたく仕様。

「温タピ」なるものが出たらしく気になってる…
あつくて吸えるとかないの？

カフェラテ

苦さしっかりのみやすい。

ドトールは「オレ」っぽいのに「ラテ」なのが意外。

季節メニューでは「カフェオレ」有り。

常飲はラテ。

コーヒー飲めるようになる前にかよってたのでドトールであんまりコーヒーのんでなかったの

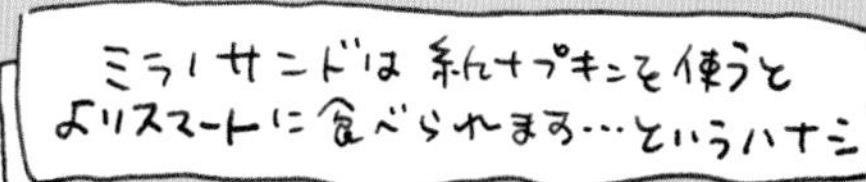
ミラノサンドは紙ナプキンを使うと
よりスマートに食べられます…というハナシ

テイクアウトの話デス

その昔… すごく食べるのがタイヘンな
ミラノサンドCがあったのです。
（2005年ごろの「4キンと20種野菜」
みたいなやつ…古くてスマン）

その頃
ミラノサンドは

めちゃくちゃとび出る具と
大口を開けないと食べられない
ボリュームなどの
難点がありました.

今でも食べたい…

でも・すごく
おいしいサンド
だったんです!!!

そうして当時の「ドトールスレ」で
攻略法が生み出されました.

半分に
カットして
下さい
ハーイ

紙ナプキンを
2枚もらう

半分カットを
お願いする

半分のサンドを
紙ナプキンで
くるんで
ギュッと圧縮して
いただく…
↓
こぼれずおいしい!!!

SHOP DATA

ドトールコーヒー ● 歴史：1980年〜　**運営会社**：株式会社ドトールコーヒー　**一号店**：原宿店（現在は閉店）
MENU：ブレンドコーヒー、ココア　ミラノサンド、ジャーマンドック

ちょっと照れ…

そうそう!
こないだ
ドトールの
タピオカ
ミルクティ
のんだよ!

スポ
ポ
ポ…

紅茶
に甘さは
なくて
タピオカは
ほんのり甘く
よかったデス

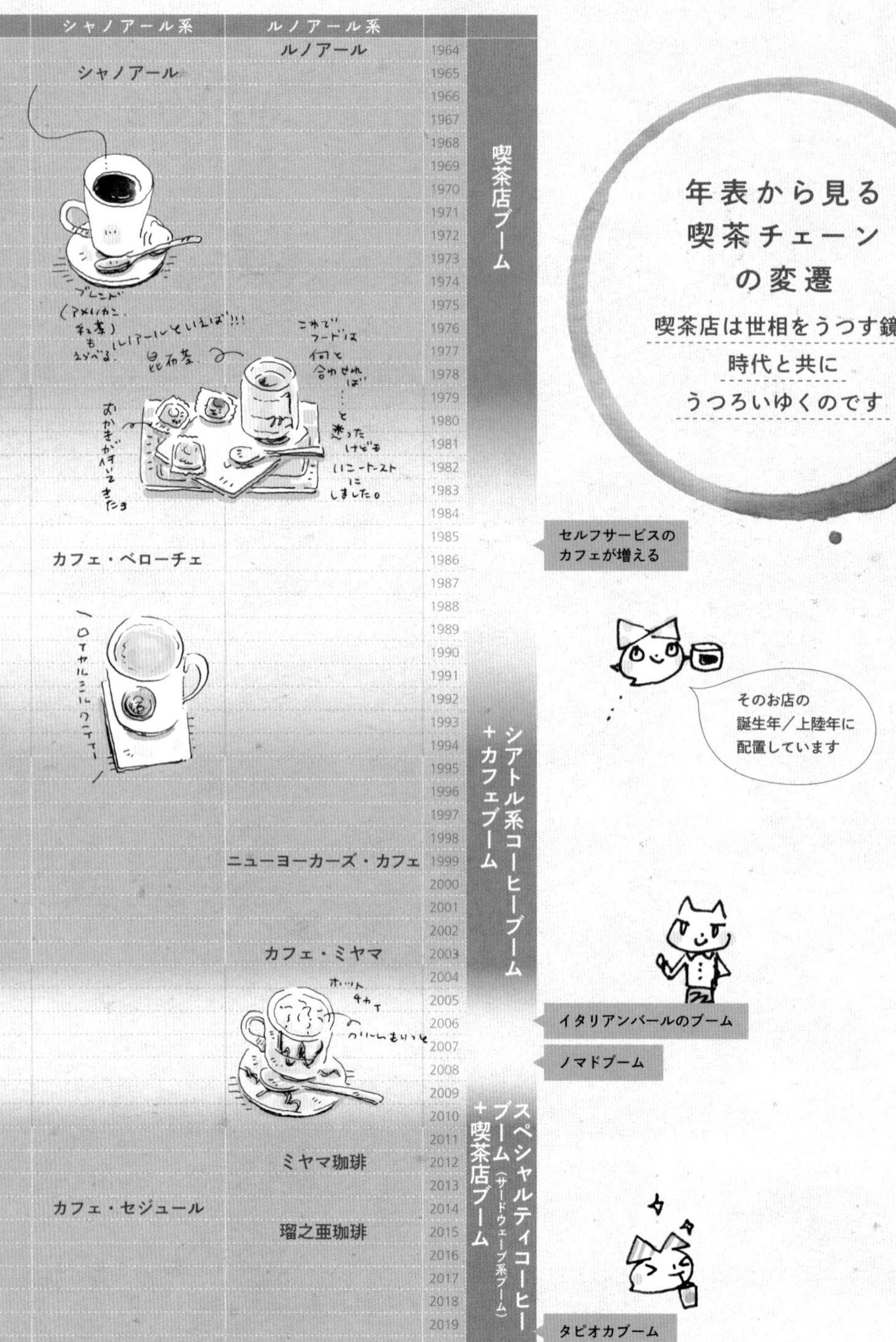
年表から見る
喫茶チェーン
の変遷
喫茶店は世相をうつす鏡。
時代と共に
うつろいゆくのです
シャノアール系
ルノアール系
ルノアール 1964
シャノアール 1965
1966
1967
1968
1969
1970
1971
1972
1973
1974
1975
1976
1977
1978
1979
1980
1981
1982
1983
1984
1985
カフェ・ベローチェ 1986
1987
1988
1989
1990
1991
1992
1993
1994
1995
1996
1997
1998
ニューヨーカーズ・カフェ 1999
2000
2001
2002
カフェ・ミヤマ 2003
2004
2005
2006
2007
2008
2009
2010
2011
ミヤマ珈琲 2012
2013
カフェ・セジュール 2014
瑠之亜珈琲 2015
2016
2017
2018
2019
2020
喫茶店ブーム
シアトル系コーヒーブーム
+カフェブーム
スペシャルティコーヒーブーム（サードウェーブ系ブーム）
+喫茶店ブーム
セルフサービスのカフェが増える
イタリアンバールのブーム
ノマドブーム
タピオカブーム
そのお店の
誕生年／上陸年に
配置しています

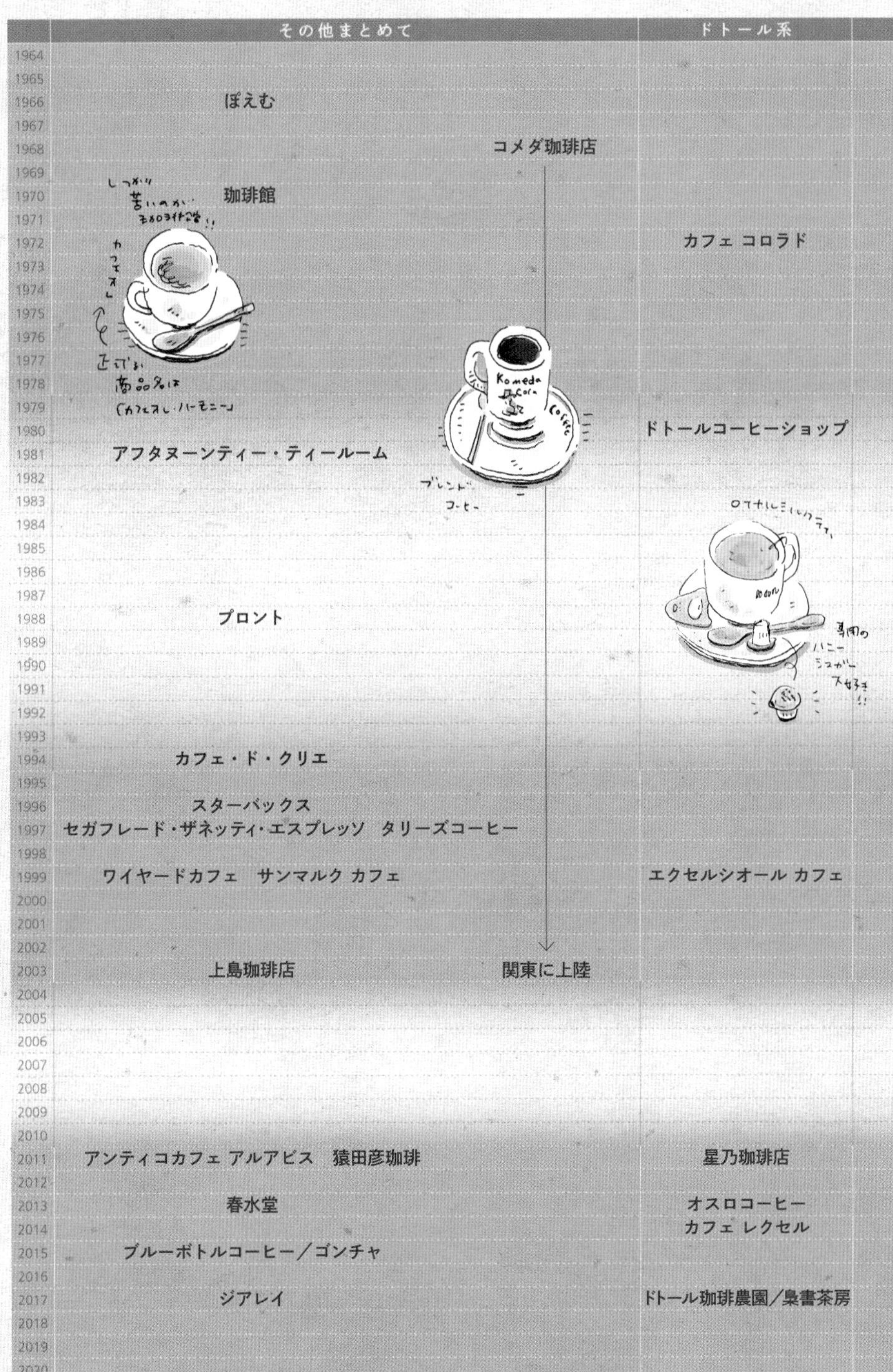

カフェオレ
正式な商品名は「カフェオレ・ハーモニー」
ブレンドコーヒー
専用のハニーシュガー大好き!!

	その他まとめて		ドトール系
1964			
1965			
1966	ぼえむ		
1967			
1968		コメダ珈琲店	
1969			
1970	珈琲館		
1971			
1972			カフェ コロラド
1973			
1974			
1975			
1976			
1977			
1978			
1979			
1980			ドトールコーヒーショップ
1981	アフタヌーンティー・ティールーム		
1982			
1983			
1984			
1985			
1986			
1987			
1988	プロント		
1989			
1990			
1991			
1992			
1993			
1994	カフェ・ド・クリエ		
1995			
1996	スターバックス		
1997	セガフレード・ザネッティ・エスプレッソ　タリーズコーヒー		
1998			
1999	ワイヤードカフェ　サンマルク カフェ		エクセルシオール カフェ
2000			
2001			
2002			
2003	上島珈琲店	関東に上陸	
2004			
2005			
2006			
2007			
2008			
2009			
2010			
2011	アンティコカフェ アルアビス　猿田彦珈琲		星乃珈琲店
2012			
2013	春水堂		オスロコーヒー
2014			カフェ レクセル
2015	ブルーボトルコーヒー／ゴンチャ		
2016			
2017	ジアレイ		ドトール珈琲農園／梟書茶房
2018			
2019			
2020			

喫茶チェーンは「クロニクル」で語るしかない

「のれんわけ」が好きだ。喫茶チェーンでなくとも、このチェーン店の親会社はここだ、みたいな情報も大好き。ネットでラーメン店の家系図のようなものが公開されたとき、とても興奮した覚えがある。わたしもつくりたい！

喫茶チェーンでそのようなものをつくりたい願望はずっとあって、でものれんわけ形式のようにはいかなかった。喫茶チェーンはそのときそのときの喫茶店のムーブメントの影響を大きく受けて、お店が誕生しているということは外せない話なのだ。

たとえば「コーヒーハウスぽえむ」はやはり、内装やインテリアが昭和！な感じだし、「カフェ コロラド」に通ってみると、お店として個性は違えど、ぽえむと同じ時代のものだよなぁとなる。また、「エクセルシオール カフェ」と「タリーズコーヒー」が互いに同時期のものである、というのも、知識として知らなかったとしても、通ってみればフンワリ感じとれることだと思います。

喫茶店ブームは何度も起こっている

わたしなりに強引に括ってしまうと、喫茶店のブームは戦後3回。一度目は、高度経済成長期のこと。戦後の復興とともに、数多くの喫茶店ができた。現存する、「純喫茶」のイメージをもつお店は、この時期のものが多いはず。内装やインテリアや食器はぜいたくで手仕事を感じられるものであり、メニューにも眺めて楽しい趣向がこらされていた。

また、喫茶店ブームを語るうえで外せないこととして、ひとつブームが起こると、「亜種」のように喫茶店が同時多発的に誕生するという現象がある。この同じ時代には、ストイックに珈琲にこだわった渋め「珈琲店」も多くオープンした。ほか、「ジャズ喫茶」や「名曲喫茶」などの「音楽喫茶」も同時代に流行っている（今回は時期を広めに括ったので、もう少し細かな分け方もあると思います）。

かくなるわたしも、この頃から続くお店を幼少期に体験しているし、映画やドラマ、まんがといった作品内でのスパイスとしての喫茶店にも強い憧れがあった。自発的にお店に行くようになってからは、そんな〝大人の空間〟に通えるようになったのだ、という感慨があったものです。

「カフェ」という言葉のイメージを変えた2000年前後

二度目は、1996年にアメリカの「スターバックス コーヒー」が銀座に一号店を出したことを契機にはじまった「シアトル系コーヒー」ブーム。セルフスタイルのチェーンが一気に増えた。エスプレッソマシンが普及し「カフェラテ」「カプチーノ」が広く認知されたのもこの時代。

また2000年前後には、おしゃれな小部屋のような……本と雑貨がアクセントになったカルチャーな空間でラウンジ系の音楽を流す「（ラウンジ系）カフェブーム」が発生している。スタイリッシュな空間で洒落た洋風ご飯が出るお店を「カフェ」と呼ぶ風潮が広まったのは、この時代の影響と考える。

筆者は渋めの喫茶店もおしゃれカフェも元気だったこの時期に学生だったので、今にいたるまで、いろいろな時代の喫茶店を、わけへだてなく通えているのかな、と思っています。

ミニマルな最先端カフェブームと「純喫茶」ブームとが同時に起こった

三度目のブームは、2010年代にじわじわとはじまり、2020年現在にも続いている。ひとつはアメリカの「ブルーボトルコーヒー」の上陸前後からの「サードウェーブ系コーヒー」および「スペシャルティコーヒー」のブーム。シアトル系のころに主流だったエスプレッソベースのコーヒーよりも、コーヒーの果実味を感じられる、浅煎り／中煎りが主流。また、ミニマルなライフスタイルの流行もあってか、物が少ないシンプルめの内装や、もともとその土地にあった建物のリノベーションの店舗なども特徴的。

もうひとつは、やはり同じころじわじわと盛り上がっていった「喫茶店」ブーム。「純喫茶」を中心とした渋めの喫茶店が、インスタなどSNSの影響もあって、新しいもの、見映えするものとして再評価されたことで、若い世代を中心に爆発的な流行に。さらに、若い店主さんによる新たな渋め喫茶店も生まれていたり……やはり同時多発的に亜種の喫茶店形式も流行り、たとえば「ブックカフェ」という業態はそのひとつだと思っています。

ということで、喫茶チェーンの系統図や年表をつくるには、喫茶店ブームの大きなうねりをからめながらでないと成り立たず、前見開きページのようなものとあいなりました。喫茶店は時代をうつすものなので、ぜひ、それぞれの時代に思いを馳せながら楽しんでみてください。流行ったものを〝魔進化〟させるのが大好きな日本的「ガラパゴス」な喫茶店のバリエーションを、今後ものんびりと味わっていけるような、余裕のある世の中であり続けてほしいなぁ……と願ってやみません。

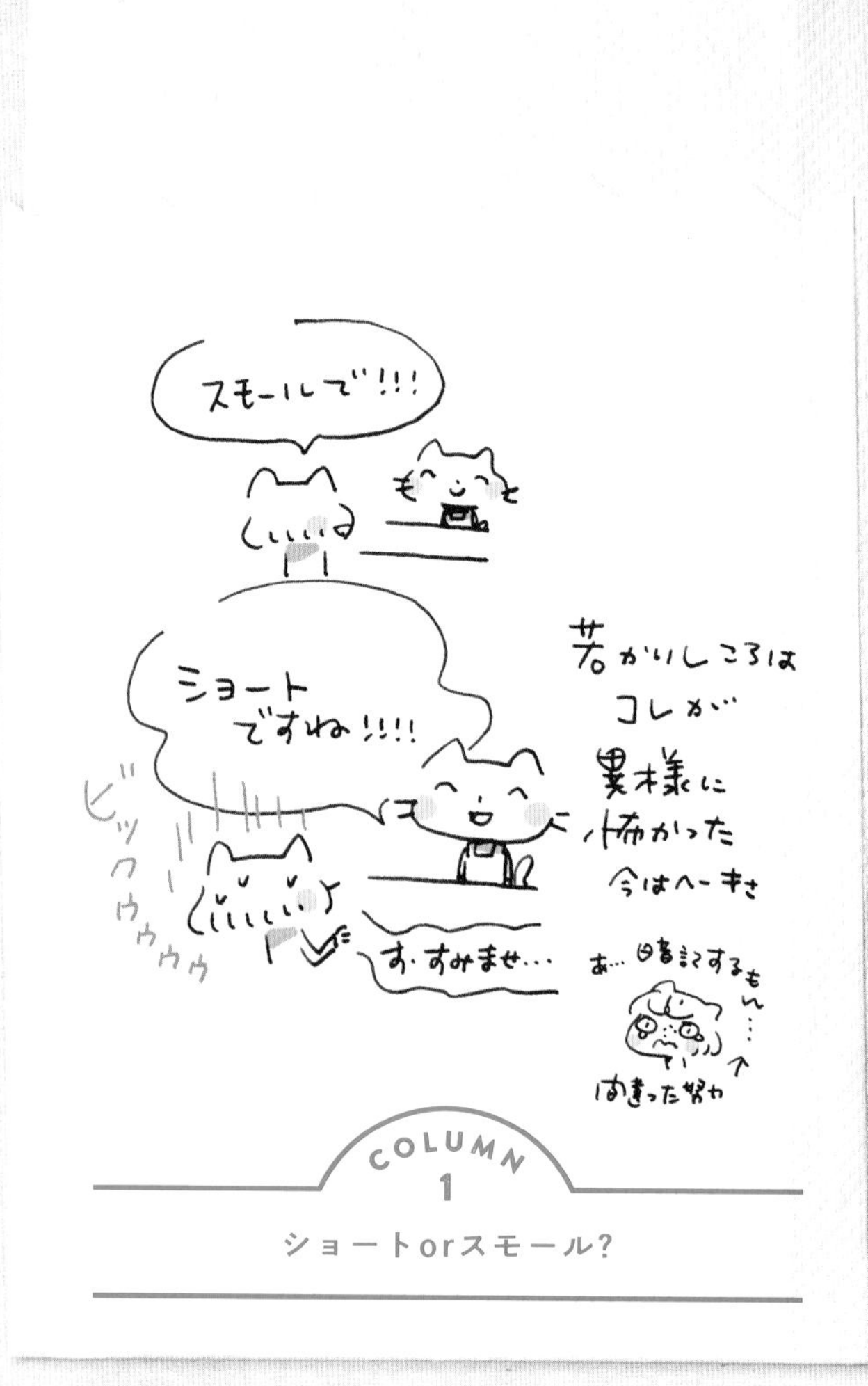
スモールで!!!
ショートですね!!!!
ビックゥゥゥゥ
す、すみませ…
若かりしころはコレが異様に怖かった
今はへーきさ
あ…暗記するもん…
固まった努力
COLUMN 1
ショートorスモール?

CHAPTER 2

気軽にふらっと
セルフコーヒーショップ系チェーン

シュッとしつつもフレンドリー ビジネス街のオアシス

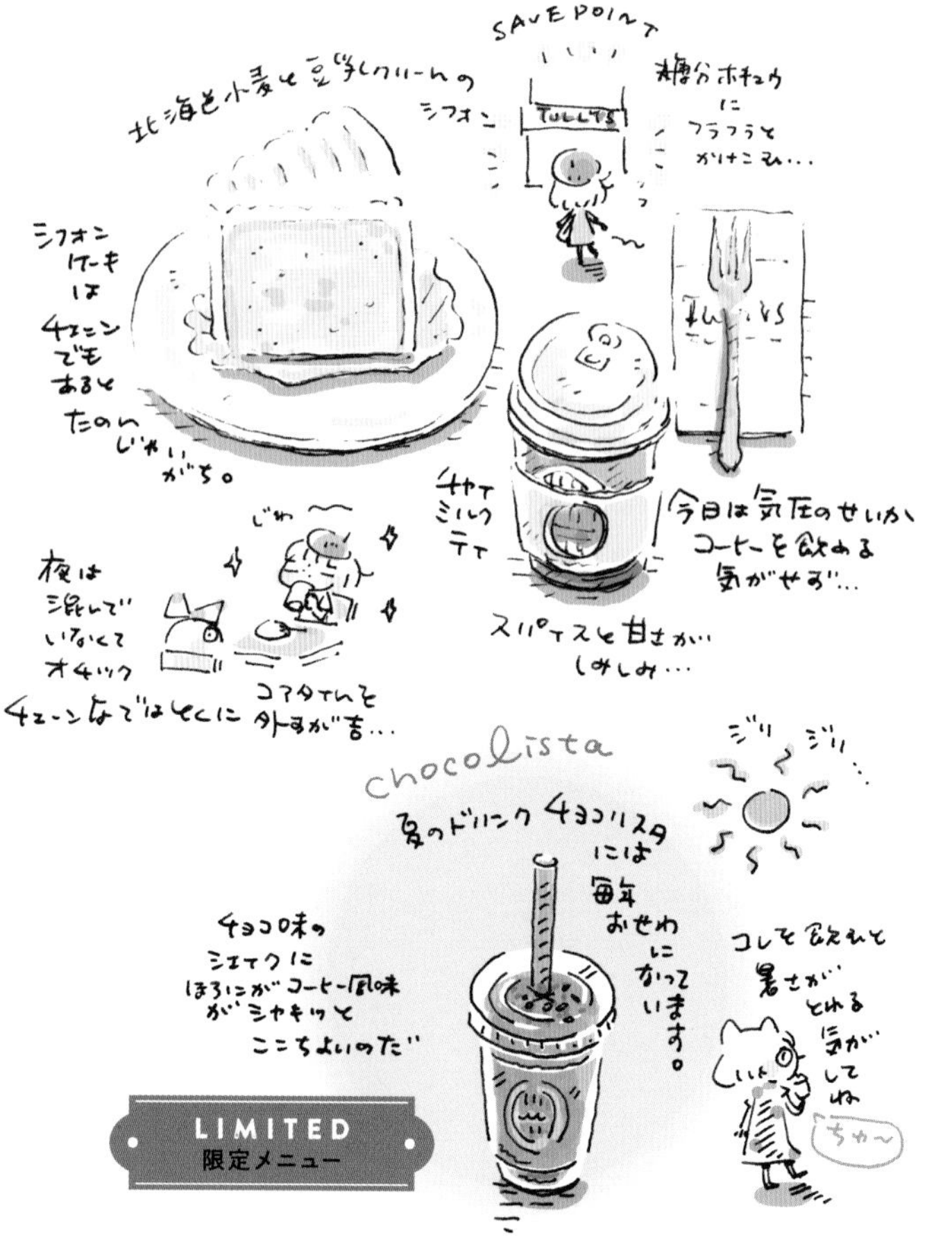

TULLY'S COFFEE
タリーズコーヒー

LIMITED
限定メニュー

スタバがあちこちにできはじめた2000年前後、オフィス街に妙に多い「スタバとは違う」茶色い看板のコーヒーショップの存在が気になりはじめていました。入ってみると、スタバとは違う個性。当時のメニューですが、カップで食べられるシリアルがあったり、ベーグルトーストがあったり、健康志向な「シュッとした」メニューがちらほら。ハニーミルクラテは飲みやすい！　ソイラテという存在は、スタバよりも、タリーズで先におぼえた気がします（当初スタバでは、ソイラテはメニューになく牛乳から豆乳に変えることを口頭でオーダーする必要があった）。

当時、スタバがアメリカっぽさ全開で、サンドイッチが大きかったりクリームもりもりだったりと、胃が小さいわたしには厳しいボリュームだったのに対し、タリーズは日本ナイズしてくれているというかOLさんナイズしてくれているというか、オフィスで働く人をさりげなく取り込もうと

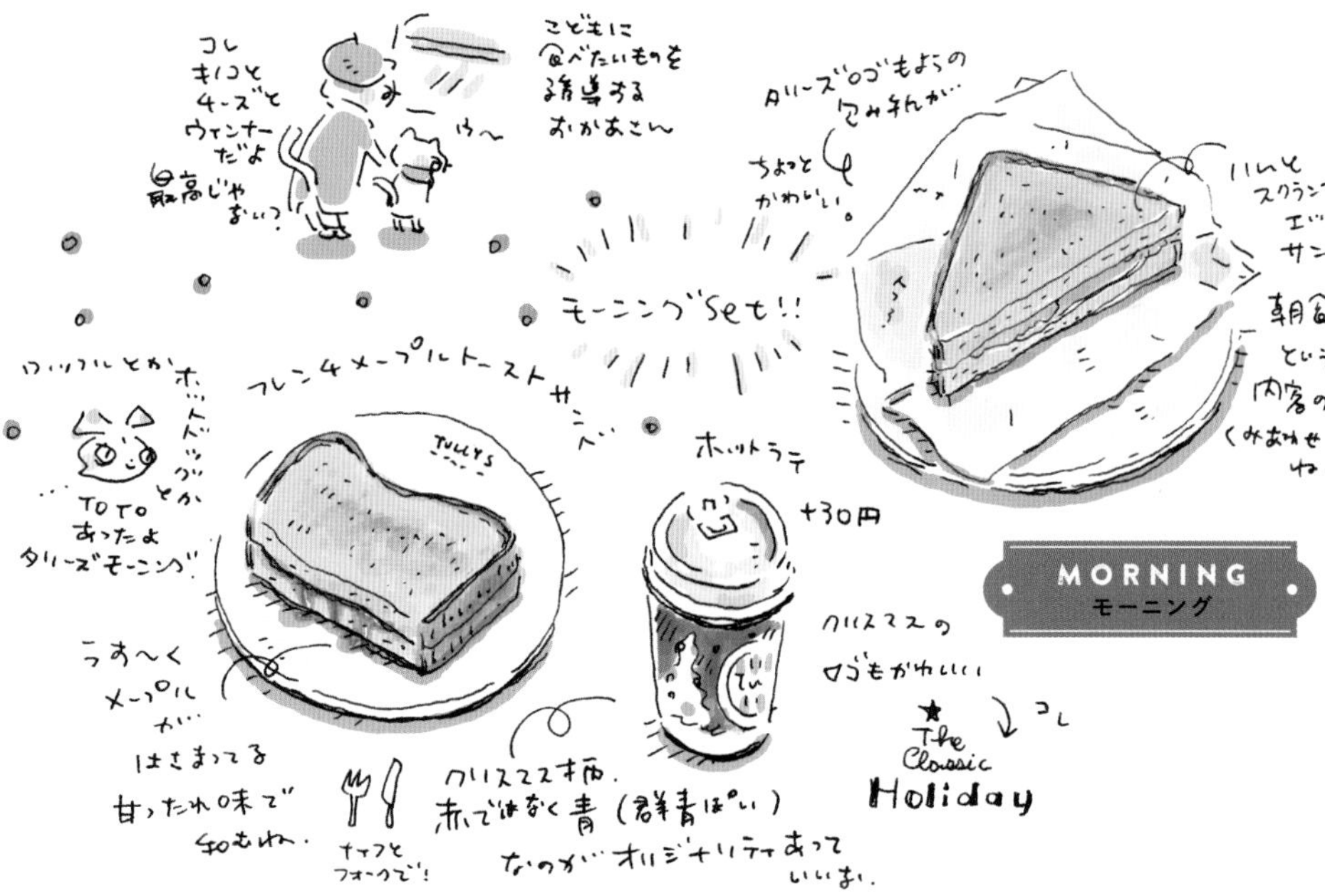

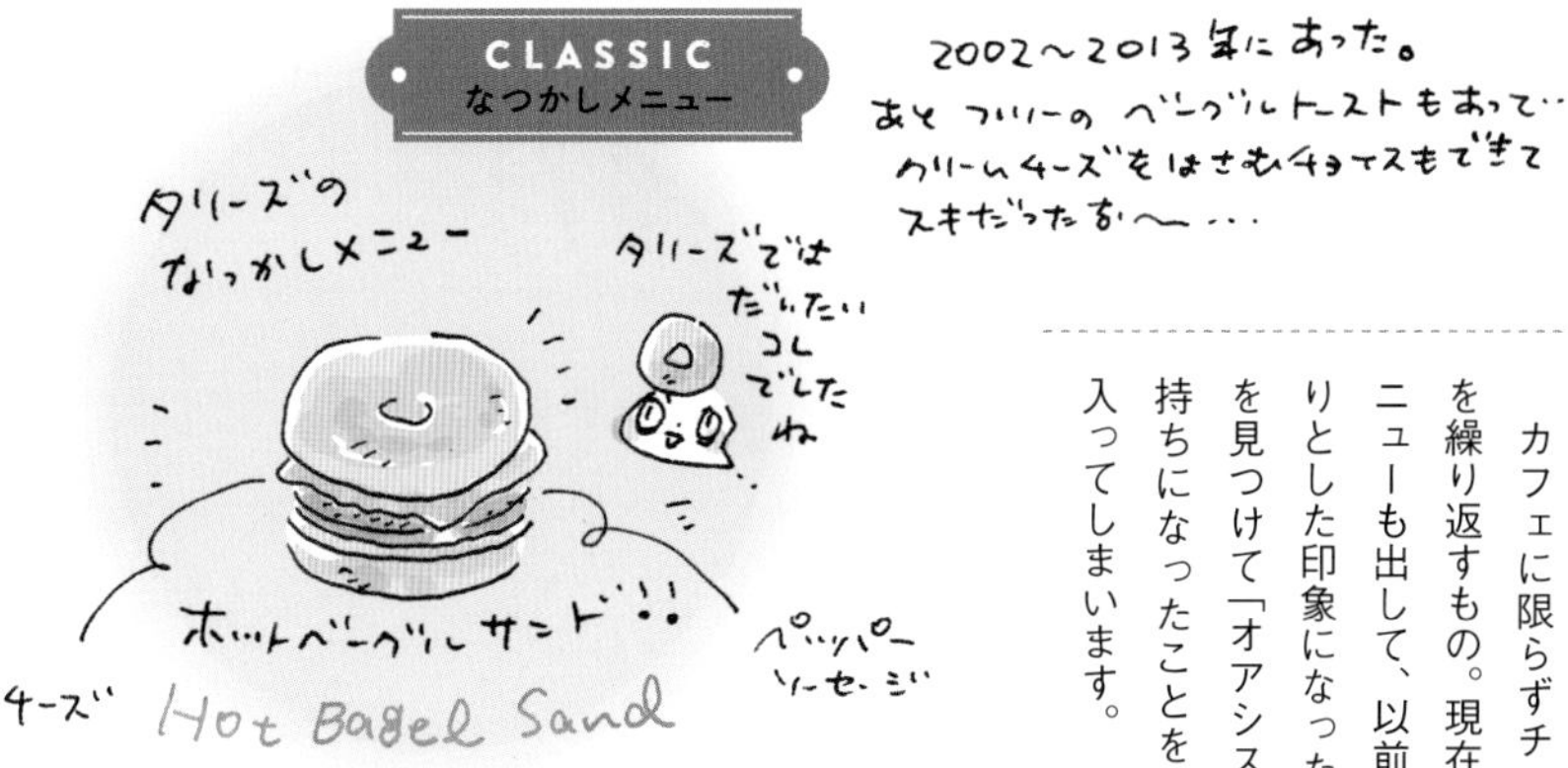

コレきのことチーズとウィンナーだよ
最高じゃない？
ふ〜
こどもに食べたいものを誘導するおかあさん
タリーズロゴもようの包み紙が…
ちょっとかわいい。
ハムとスクランブルエッグのサンド
朝食！という内容のくみあわせね。
モーニングSet!!
ワッフルとかホットドッグとかあったよ タリーズモーニング
フレンチメープルトーストサンド
ホットラテ
+30円

MORNING
モーニング

クリスマスのロゴもかわいい
コレ
The Classic Holiday
うすーくメープルがはさまってる甘ったれ味で好むね。
ナイフとフォークで！
クリスマス柄。赤ではなく青（群青ぽい）なのがオリジナリティあっていいね。

CLASSIC
なつかしメニュー

2002〜2013年にあった。
あと フリーの ベーグルトーストもあって…
クリームチーズをはさむチョイスもできて
スキだったな〜…

タリーズのなつかしメニュー
タリーズではだいたいコレでしたね
ホットベーグルサンド!!
チーズ
ペッパーソーセージ
Hot Bagel Sand

していいるような、クールでヘルシーなメニュー構成が印象的でした。

カフェに限らずチェーン店は日々進化や変化を繰り返すもの。現在はパスタなどのがっつりメニューも出して、以前よりもカジュアルでどっしりとした印象になった同店ですが、あのころ看板を見つけて「オアシスにたどり着いた」ような気持ちになったことを思い出して、今もフラッと入ってしまいます。

SHOP DATA

タリーズコーヒー ● **歴史**：1997年〜（アメリカでは1992年〜）　**運営会社**：タリーズ コーヒー ジャパン 株式会社　**一号店**：銀座店　**MENU**：ハニーミルクラテ、チャイミルクティ

気がつけば通っている盤石のぬくぬく空間

ホットロイヤルミルクティ
かま焼きピッツァ フォルマッジ
フフフ…
めちゃくちゃスミッコの席をとれてご満悦。
見た目よりもボリューム有。もちもちの生地がほんのり甘くておいしい…!
モチ… モチ
楽しそうだったのでたのんでしまった。
熱いロイヤルミルクティーの気分だったのだが…
ペリエスプレッソ
ペリエ
エスプレッソが入ったグラスに自分で注ぐ。
ペリエのコースター
コレって使い捨てなのかどっちなの…?
エスプレッソトニックだす。

EXCELSIOR CAFFÉ
エクセルシオール カフェ

喫茶好きのひとりとして、個人経営店もチェーン店も好いているので、どちらに通うかは、そのときの気分に〝処方する〟感覚だったりする。食についてのコラムを執筆するライターの友人は、チェーン店に行く動機を「人間に疲れたときに行く」と話していて、これにはわたしもものすごく共感する。そもそもチェーン店は人間くささが希薄な場所でありつつ、喫茶チェーンは喫茶店でもあるので、まったくの無機質でもないのが絶妙なところで。

チェーン店でも、それぞれに個性がありムードが違うので、使い分けしている。たとえば、エクセルシオールとドトールだったら……わいわいとした活気の中に埋もれたいときはドトール、パーソナルなスペースを広めにとって落ち着きたいときはエクセルシオールかな、と思っています。

ゆったりとした席配置とフカフカのシート、天井の高さも落ち着ける。店内は明るいけれど、暖

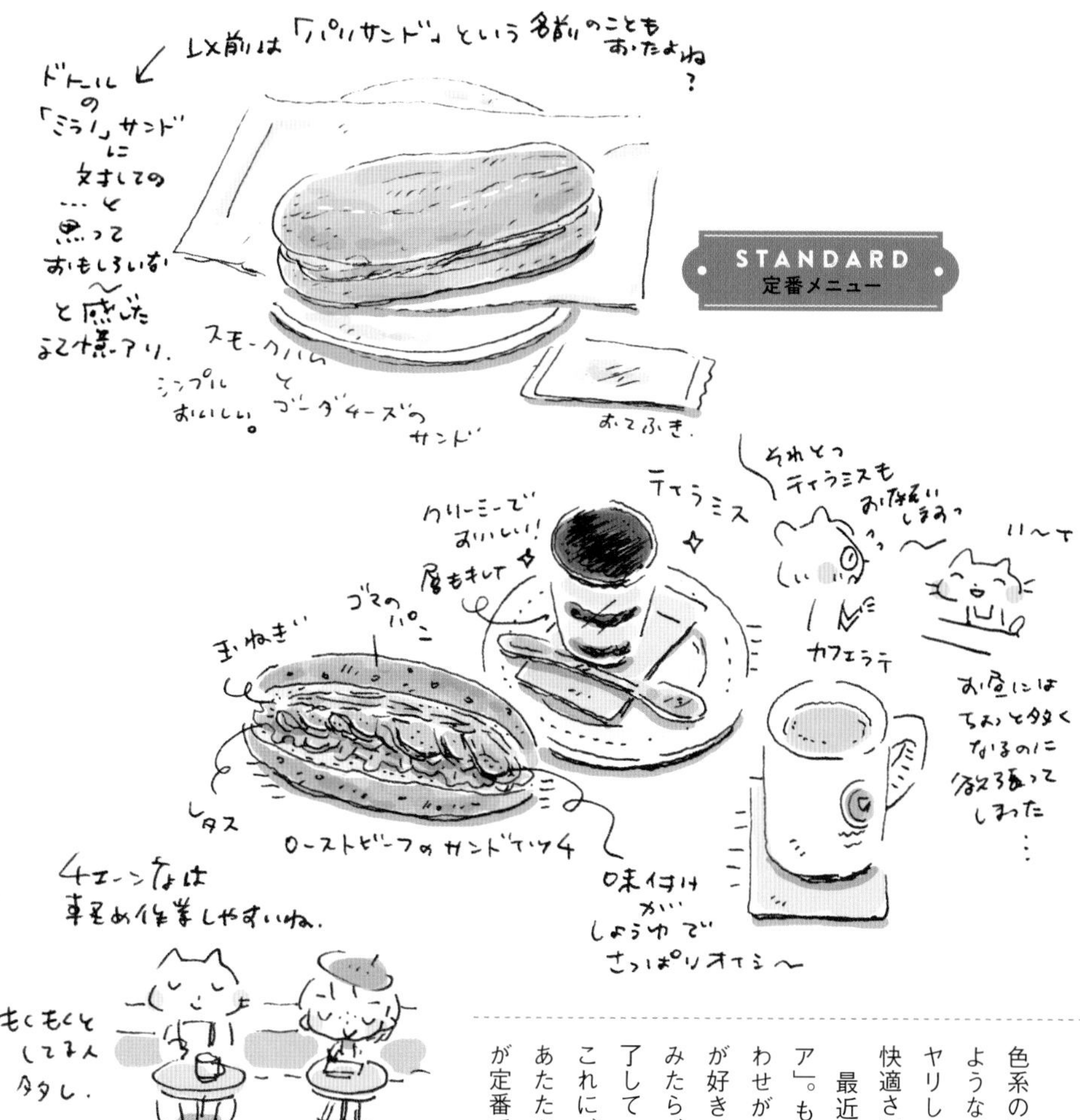
LX前は「パリサンド」という名前のこともあったよね？
ドトールの「ミラノサンド」に対しての…と思っておもしろいな〜と感じた記憶アリ。
スモークハムとゴーダチーズのサンド
シンプルおいしい。
おてふき
STANDARD
定番メニュー
ティラミス
クリーミーでおいしい！ 層もキレイ
それとっティラミスもお願いしまあっ
いい〜て
カフェラテ
お昼にはちょっと多くなるのに欲張ってしまった…
玉ねぎ
ゴマのパン
レタス
ローストビーフのサンドイッチ
味付けがしょうゆでさっぱりオイシ〜
チェーン店は軽め作業しやすいね。
もくもくとしてる人多し。
まんがのネームをかいている。人に見られるとハズカシイ。

色系の照明なので、安心感がある。冒頭に書いたような、人に疲れているとき、でも喫茶店でボンヤリしたいとき、を両立するのにピッタリ。その快適さに、気がつけば、無意識に通ってしまう。

最近気に入っているのは「全粒粉入りピッツア」。もちもち甘みのある生地とチーズの組み合わせがたまらん！　以前あった「カルツォーネ」が好きで、その面影も感じてなつかしい（調べてみたら、このピッツア登場時にカルツォーネが終了していたので、実際にそういう間柄であった）。これに、ロイヤルミルクティーなどのミルキーであたたかい飲みものを合わせて、ぬくぬくするのが定番です。

SHOP DATA

エクセルシオール カフェ ● **歴史**：1999年〜　**運営会社**：株式会社ドトールコーヒー　**一号店**：シーバンス・ア・モール店（芝浦 現在は閉店）　**MENU**：コーヒー、ロイヤルミルクティー

バールの魅力を十二分に発揮 イタリアンレッドがまぶしいカフェ

SEGAFREDO ZANETTI ESPRESSO
セガフレード・ザネッティ・エスプレッソ

セガフレードでいちばん好きなドリンク…その名はメッツォメッツォ
Mezzo Mezzo
がこのお店の定番です
エスプレッソとチョコレートのハーフ&ハーフ。
ホットもアイスもあるよ.
ぽってりしたカップも好ましい.
キュ〜
アイスはアイスで夏はカクベツ!!

STANDARD
定番メニュー

なんの分野でも心ひそかに、自分の「推し」を決めてしまうことって、ありませんか。わたしの場合は、派手ではないけど、一番手と戦える実力で、センスは個性的！……みたいな立ち位置のものを推しがち。

そこで「セガフレード・ザネッティ」です。このお店がやってきた1998年当時、ちまたは「シアトル系」ブームまっさかり。だけどセガフレードは最初からちょっと独特だった。イタリアンレッドのテーマカラーに、ロゴは斜体でやや素っ気ないもの。思えば当初から強めの独自路線で我が道をいく「デキる不思議ちゃん」のにおいを放っていて、それにわたしはビンビンきてしまっていたのでした。

当時のわたしは、コーヒーをあまり飲んでおらず、「紅茶がおいしいコーヒーチェーン」を探していました。ややこしい客だな。でもそういう人、い

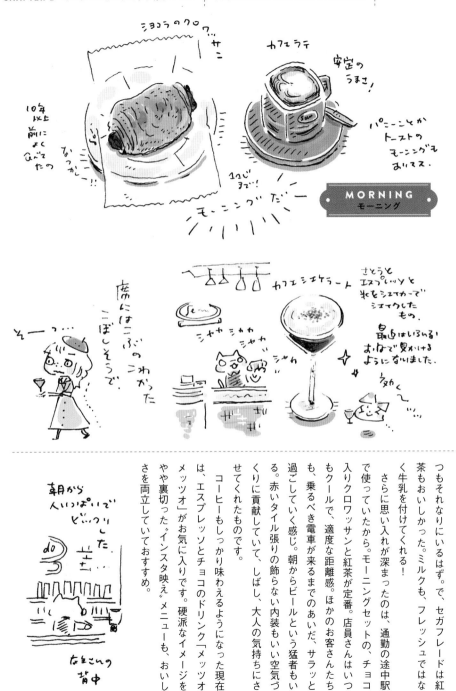

ショコラのクロワッサン
カフェラテ
安定のうまさ！
10年以上前によく食べてたの
なつかしー!!
11:00まで！
モーニングだー
パニーニとかトーストのモーニングもありマス。
MORNING
モーニング
カフェシェケラート
さとうとエスプレッソと氷をシェイカーでシェイクしたもの。
最近はいろんなお店で見かけるようになりました。
そーっ…
席にはこぶのこわかった
こぼしそうで。
シャカシャカ
シャカシャカ
シャカ

つもそれなりにいるはず。で、セガフレードは紅茶もおいしかった。ミルクも、フレッシュではなく牛乳を付けてくれる！

さらに思い入れが深まったのは、通勤の途中駅で使っていたから。モーニングセットの、チョコ入りクロワッサンと紅茶が定番。店員さんはいつもクールで、適度な距離感。ほかのお客さんたちも、乗るべき電車が来るまでのあいだ、サラッと過ごしていく感じ。朝からビールという猛者もいる。赤いタイル張りの飾らない内装もいい空気づくりに貢献していて、しばし、大人の気持ちにさせてくれたものです。

コーヒーもしっかり味わえるようになった現在は、エスプレッソとチョコのドリンク「メッツオメッツオ」がお気に入りです。硬派なイメージをやや裏切った〝インスタ映え〟メニューも、おいしさを両立していておすすめ。

朝から人いっぱいでびっくりした。
なまこさんの背中

LIMITED
限定メニュー

2018年のイースター

Easter Pastel Latte

イースターパステルラテ

マシュマロも

見ためはかなりファンシーだけどちゃんとおいしい！
カスタードスキーにはうれしい飲みものだ

カラフルあられ「おいり」サクサク！

カスタードとピスタチオのラテが混じりあってなんともメルヘンなパステルグリーン

セガフレードさんが出すなら「インスタ映え」メニューもたのんじゃうさっ（いいね）カァァ

easter

2017年のイースター

イースターカスタードラテ…のアイス

焼きマシュマロ

フォームミルク

カスタード風味のラテ

何か…イースターのときばかり季節のメニューをたのんでいるんだ…

思い出の店舗の話

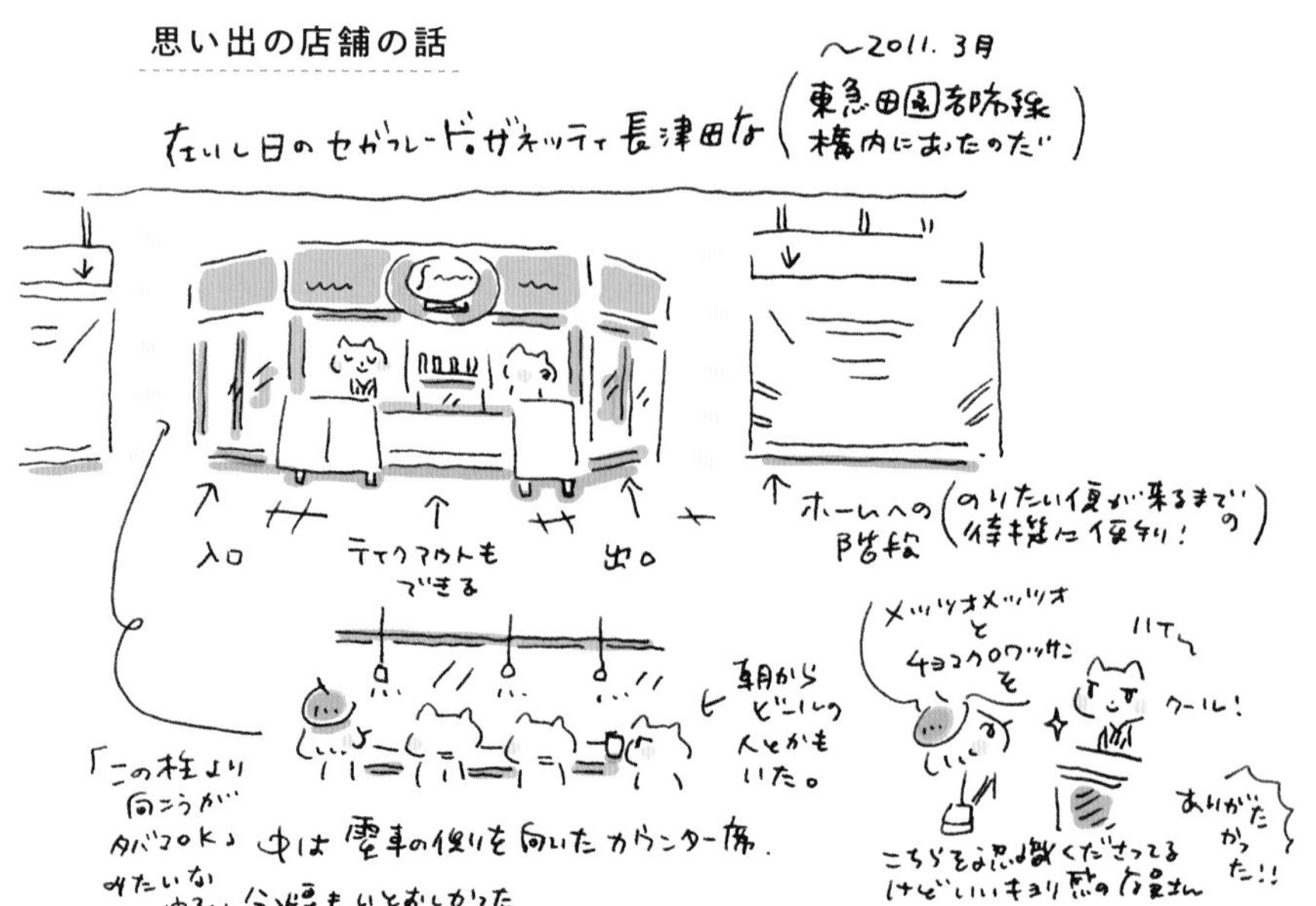
〜2011.3月
在りし日のセガフレード・ザネッティ長津田な（東急田園都市線構内にあったのだ）
入口
テイクアウトもできる
出口
ホームへの階段
（のりたい便が来るまでの待機に便利！）
朝からビジルの人とかもいた。
メッツォメッツォとチョコクロワッサンを
いい
ハイ〜
クール！
こちらを認識くださってるけどいいキョリ感の店員さん
ありがたかった!!
「この柱より向こうがタバコOK」みたいなゆるい分煙もいとおしかった
中は電車の側を向いたカウンター席。

MEMO いかれたポイントカードシステムが最高なのだ

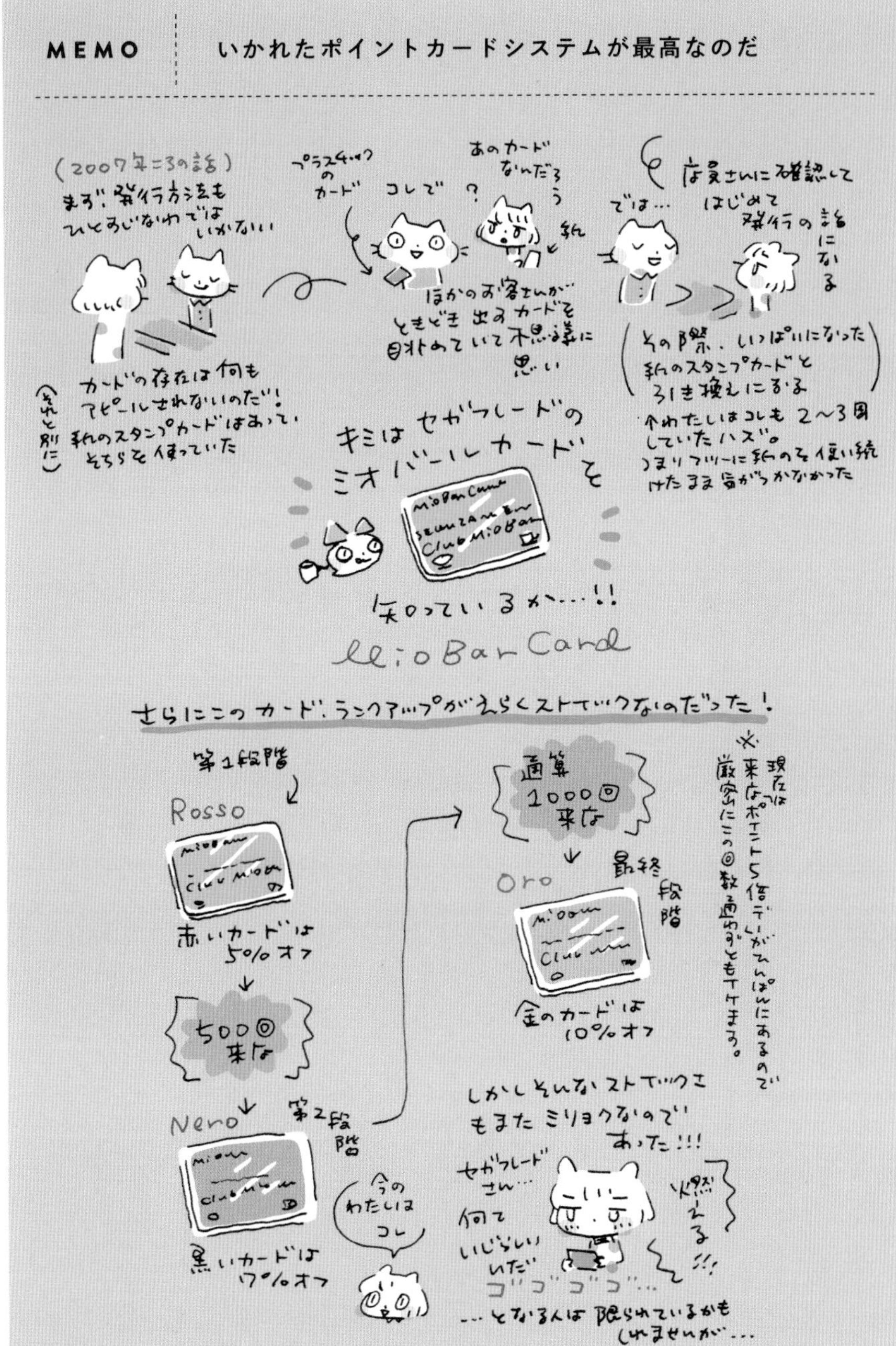
(2007年ころの話)
まず、発行方法も
ひとすじなわでは
いかない
カードの存在は何も
アピールされないのだ!
(それとは別に)
紙のスタンプカードはあって
そちらを使っていた
プラスチックの
カード
コレで?
あのカード
なんだろう
紙
ほかのお客さんが
ときどき出すカードを
目にとめていて不思議に
思い
では…
店員さんに確認して
はじめて
発行の話
になる
その際、いっぱいになった
紙のスタンプカードと
引き換えになる
↑わたしはコレも2～3回
していたハズ。
つまりフツーに紙のを使い続
けたまま気がつかなかった
キミは セガフレードの
ミオバールカードを
知っているか…!!
MioBar Card
さらにこのカード、ランクアップがえらくストイックなのだった!
第1段階
Rosso
赤いカードは
5%オフ
500回
来店
Nero
第2段階
黒いカードは
7%オフ
今の
わたしは
コレ
通算
1000回
来店
最終
段階
Oro
金のカードは
10%オフ
※現在は
来店ポイント5倍デーがひんぱんにあるので
厳密にこの回数通わずともイケます。
しかしそんなストイックさ
もまたミリョクなので
あった!!!
セガフレードさん…
何でいじらしい
んだ
燃える!!!
ゴゴゴゴ…
…となる人は限られているかも
しれませんが…

下北沢店
この照明かわいい
Segafredo
グラスがさがっているのも「らしい」。
バールっぽさなのかな。
(アンティコカフェもデルソーレもプロントにもあるし)
けっこうお酒もいっぱいある
さらに人気!!オープン席は
半分オープンなカウンター席
トレードカラーの赤のタイル張りがイカスのだ!!
(お店によってはチャコールグレーのことも有)

INTERIOR
内観

外の緑がまぶしい…!!!
こちらはベランダ席
イタリアンっぽい照明もかわいい。
広尾店の2F。

チェーン店「擬人化」計画！

イタリアンレッドがまぶしいソイツはボローニャからやってきた。コーヒーはしっかり味、内装も本場感がある。ポイントシステムはおどろくべき大胆さで……でも、“豪快オラオラ”というより、天然で力加減がわからずそうなっちゃったような印象。十分カッコいいのに、そのことに無自覚で飾らない感じ。イイ！ 付いていきたい!!

ここ数年、メルマガで（メルマガも読んでます！）「インスタ映え」「テレビで紹介されました！」といった文言を連発するようになり少し心配しています。……でも、それもまた、なんだか愛おしいんだ。結局なんでもいいんかーい。いやまあ、「好き」ってそういうことですからね。

自分がデキることに
無自覚な
天然タイプ。
異彩を放っても
マイペース!!
じと〜
メリちゃん何してるの…
でこっそり情報を集める
「隠れファン」化

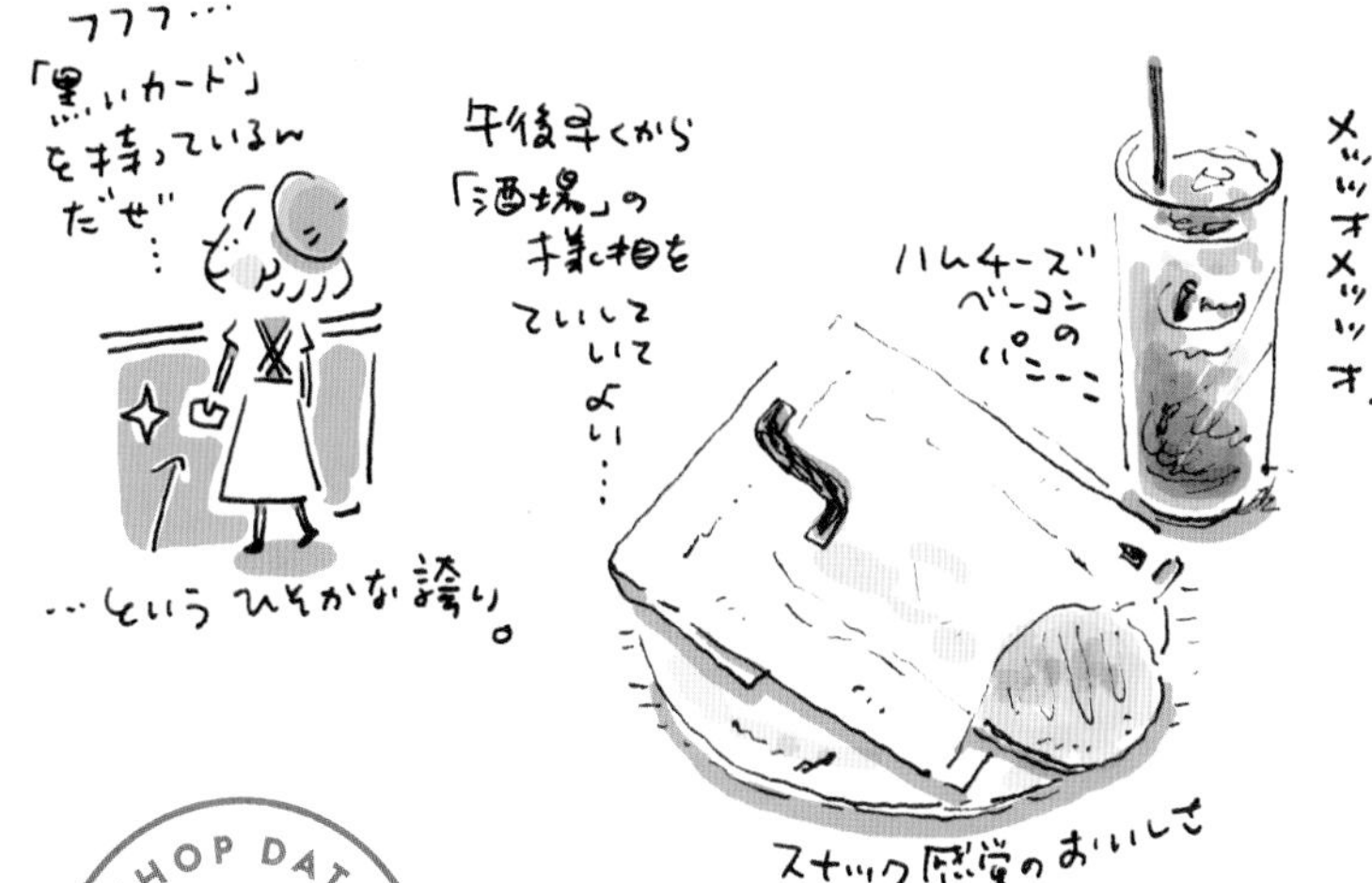
フフフ…
「黒いカード」
を持っているんだぜ…
…というひそかな誇り。
午後早くから
「酒場」の
様相を
ていして
いて
よい…
ハムチーズ
ベーコン
の
パニーニ
メッツォメッツォ。
スナック感覚のおいしさ

SHOP DATA

セガフレード・ザネッティ・エスプレッソ ● 歴史：1998年〜（イタリア発。カフェチェーンとしてのスタートはパリで1988年〜）：**運営会社**：セガフレード・ザネッティ・ジャパン株式会社　**一号店**：渋谷文化村通り店（現在は閉店）　**MENU**：レギュラーコーヒー、アイスチョック

ただ、見ている限り、
常連さん多めのお店なので
みんな黒か金のポイントカード
かもしれん…という。

朝昼夜で顔を変える日本のバールチェーンの草分け

PRONTO
プロント

プロントはパンを食べにいくおなじみでわたしは…
チョココロネ
売りでかれていたため…
練乳を入ってるんだって。
たっぷりミルクコーヒー
ホントにたっぷり！
20cmくらい

アイスカフェラテR
「朝ごぱん」ハーフ
マヨネーズの土手
目玉焼
これではお昼としては足りないかもとスイートポテトを足す。
カフェのチェーンではなんとなくパスタをたのまない…ナポリタンとかはたのみかもですが。
トロン…
もはやカフェでは用途ない
…わたしは夜の「ランブルスコ」が好きでね…（発泡赤ワイン）
まだあるのかな？
生ハムと一緒にね！

プロントさんの立ち位置はずっと謎めいていた。わたしが出逢った当初（2000年前後）の話。喫茶店なのにパン屋さんのようでもあり、パスタも出してたりする。さらには夕方からはレストラン的飲み屋さんになってしまう。いま思えば、「イタリアンバール」チェーンの先駆けでもあったのだけど。

　時は過ぎ、イタリアンバールという業態も広く認知された。パスタを出すチェーン店も増えた。あるとき、ひさびさプロントに足を踏み入れて、おどろいた。なんと、かつてとそんなに変わっていないのだ……！

　ドトールは昔とはかなり変わったと思うし、シアトル系のお店もメニューや内装を細々改定していると感じる。新顔のチェーンもいろいろ登場した。なのに、この変わらなさ！　今でも、「あさごパン」（ネーミングもイカス）などのモーニングでのパンの販売や、昼から夜の業態チェンジもそん

チェーン店「擬人化」計画！

昔の知人にひさびさ会うと、そうして笑顔で挨拶できただけで、とってもホッとしませんか？それはその人と関わっていたころ、過去の思い出そのものから、自分を肯定されたような気持ちになるからなのでは……と思っています。プロントさんはそんな、昔からの友だちで、いつ会っても変わらないものがあり、これからもずっと安定して付き合えそうな人。個人経営のお店などもそうですが、変わらない場所は、おどろくほど心を安定させてくれる「よりどころ」になるのです。

バータイムに行くと
コーヒーが
ハイボール
より高くなるんですヨ!!
バータイムには注意ですッ

ほえ〜

当たり前だが
人によって
そのお店の
知恵とか
あるあるとか
お持ちで面白い。

カウンター席
のかんじ
が
バーっぽくて
よいね。

ところで!!
プロントのポイントカード
の名前が
プロン党
カード
というの
よくないですか…？
（正式にはプロン党
ポイントカード）

なに変わらない。お店の内装などもそう変わってないのではないか。

わたしがチェーン店に対して、魅力でありつつもちょっともったいないと感じることとして、時代にあわせて変わっていく、という特性がある。たとえば、10年前に入ったスタバやドトールには、同じ店舗であったとしてももう巡りあえない。なのに、このプロントさんの盤石さよ！　むしろ、この一点だけで強烈に推せるのでは……とついつい足を運んでしまうこの頃なのでありました。

SHOP DATA

プロント ● 歴史：1988年〜　**運営会社**：株式会社プロントコーポレーション　**一号店**：銀座8丁目店（「0号店」としてパイロット店舗であった新宿西口店）　**MENU**：あさごパン、たっぷりミルクコーヒー

ヨーロッパの街角の風情に ときめくバールのチェーン

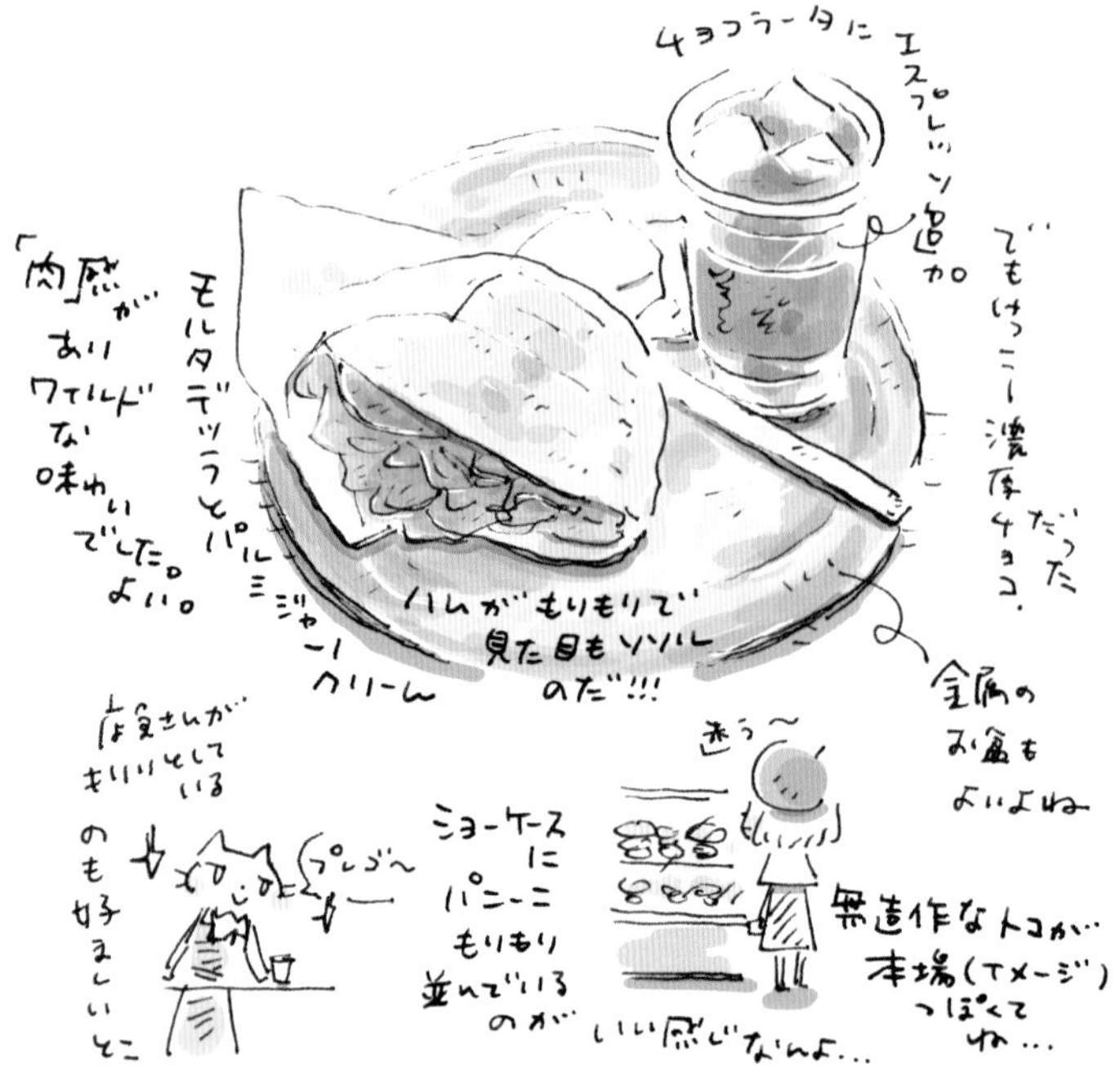

ANTICO CAFFÉ AL AVIS
アンティコカフェ　アルアビス

STANDARD
定番メニュー

渋め喫茶店も新しめカフェも総称して「喫茶店」と呼ぶようにしています。そんな喫茶店でとくにわたしが好みのタイプは、オーセンティックな珈琲店と「バール」。バールというと近年は、単にイタリアン居酒屋のイメージになってしまいましたが、本書でもご紹介している「セガフレード・ザネッティ・エスプレッソ」やこの「アンティコカフェ　アルアビス」、「バール　デルソーレ」に行っていただけると、こういう感じなのかぁ、というのが最大公約数的にわかっていただけるかなと思います。

　バールは、カフェっぽさと酒場っぽさが混然一体としている感じが、とにかく最高にいいところ。おそらくカフェの本場、ヨーロッパではそれがカフェの古くからのありようなのだと思うんですが、その様相に「逃避場所」のようなものを感じられて、好きなのです。コーヒーを飲んでもいいし、アルコールをたしなんでもいい。議論をしていて

恵比寿店
オープン席
シャンデリアが かがやく
全体に ウッディーで シックなところが… スキ。
駅の改札側を向いている
キリッ…
イタリア語かけ声
店員さんの「グラッツェー」「プレゴー」のかけ声がよいかんじ。
席いっぱいでひしめいてる感はあるのだけど
フシギとキュウクツな感じはしない。

INTERIOR
内観

も読書をしていても、知人と盛り上がってもいい。つまり、バールをチェーン化したカフェなら、そういったことを前提としているような（わたしの思い込みかもしれないですけど）空気があるように感じられる。対象年齢がやや高めというか。

シックな空間に輝くシャンデリアや、ガラスケースに並ぶ山盛りパニーニ、メニューが載ってくる金属のお盆……などの、「伝統的かつキュート」なコントラストがシチュエーション的にとってもあがります。デザート群も「ババ」（サバランの原型ともいわれる、洋酒がひたひたに浸ったパウンドケーキ）などの本場感があるものがずらり並んで、こちらもトキメキ度高しなのです。

いっけん きらびやかだけど
いろんな人たちが ラフに くつろぐ感じが いいんだな。

デザートは素朴かつ本場っぽい！

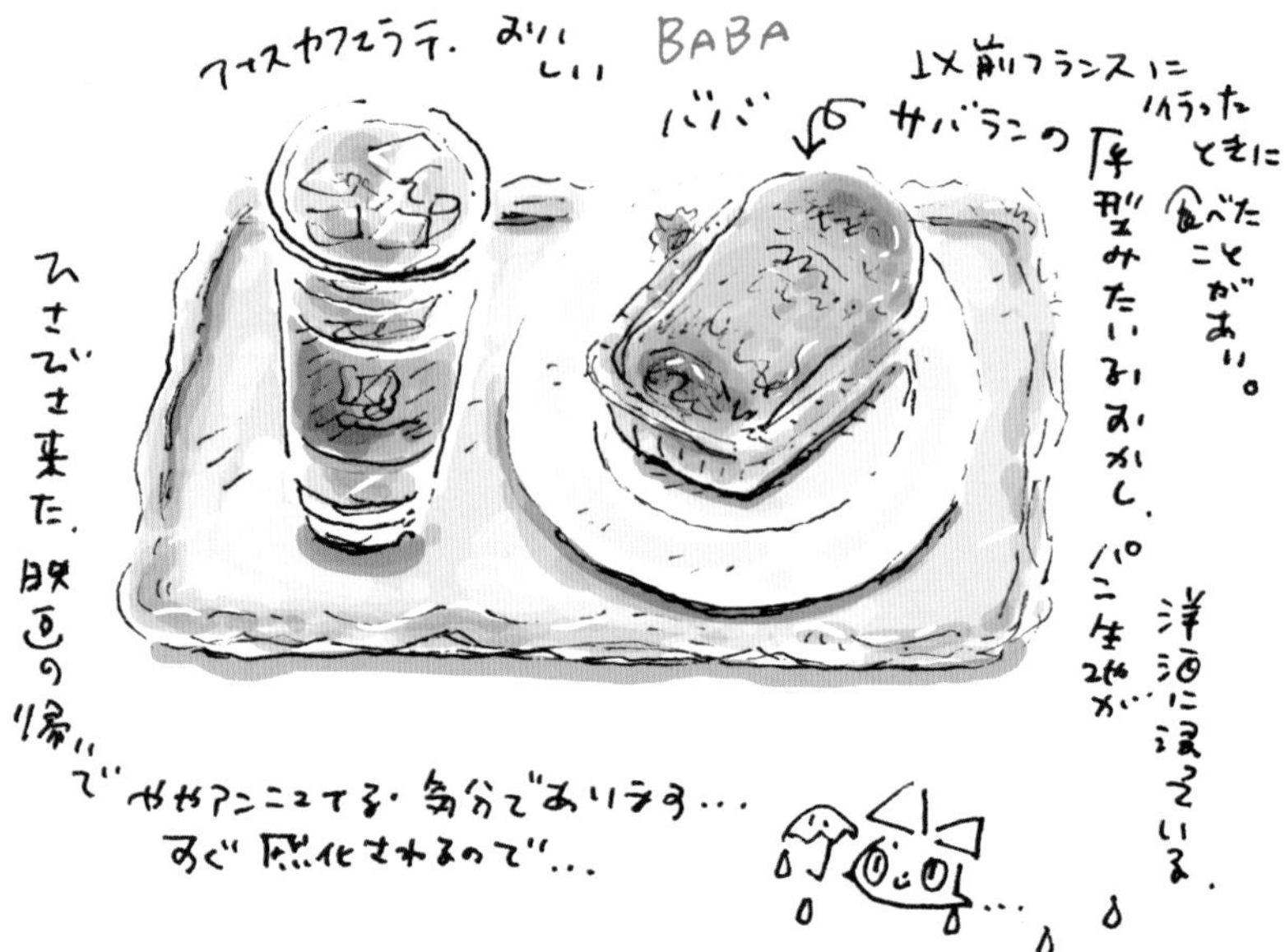

アイスカフェラテ。おいしい
BABA
ババ
サバランの
以前フランスに行ったときに食べたことがあり。
原型みたいなおかし。
パン生地が洋酒に浸っている。
ひさびさ来た。映画の帰りで
ややアンニュイてる気分でありまする…
すぐ感化されるので…

アフォガート
ジェラートコン カフェ
クリーム
アイス
下の方まで もりもり入ってる
エスプレッソ
おしぼり
これだけで たのむと
(飲みものが ほかになくて)
少し申し訳なくなるメニューではある…

MEMO

ケーキの「HARBS」も同じ経営母体！

アンティコカフェ アルアビスを運営する会社は、行列のできるケーキのカフェ「HARBS（以下ハーブス）」も運営している。ハーブスといえば、名古屋発らしく、一切れが超ぜいたくサイズで、かつそのケーキごとのビジュアルの絢爛さも両立しているところが強めの個性。アンティコカフェと近い場所にハーブスが出店していることも多いのだ。

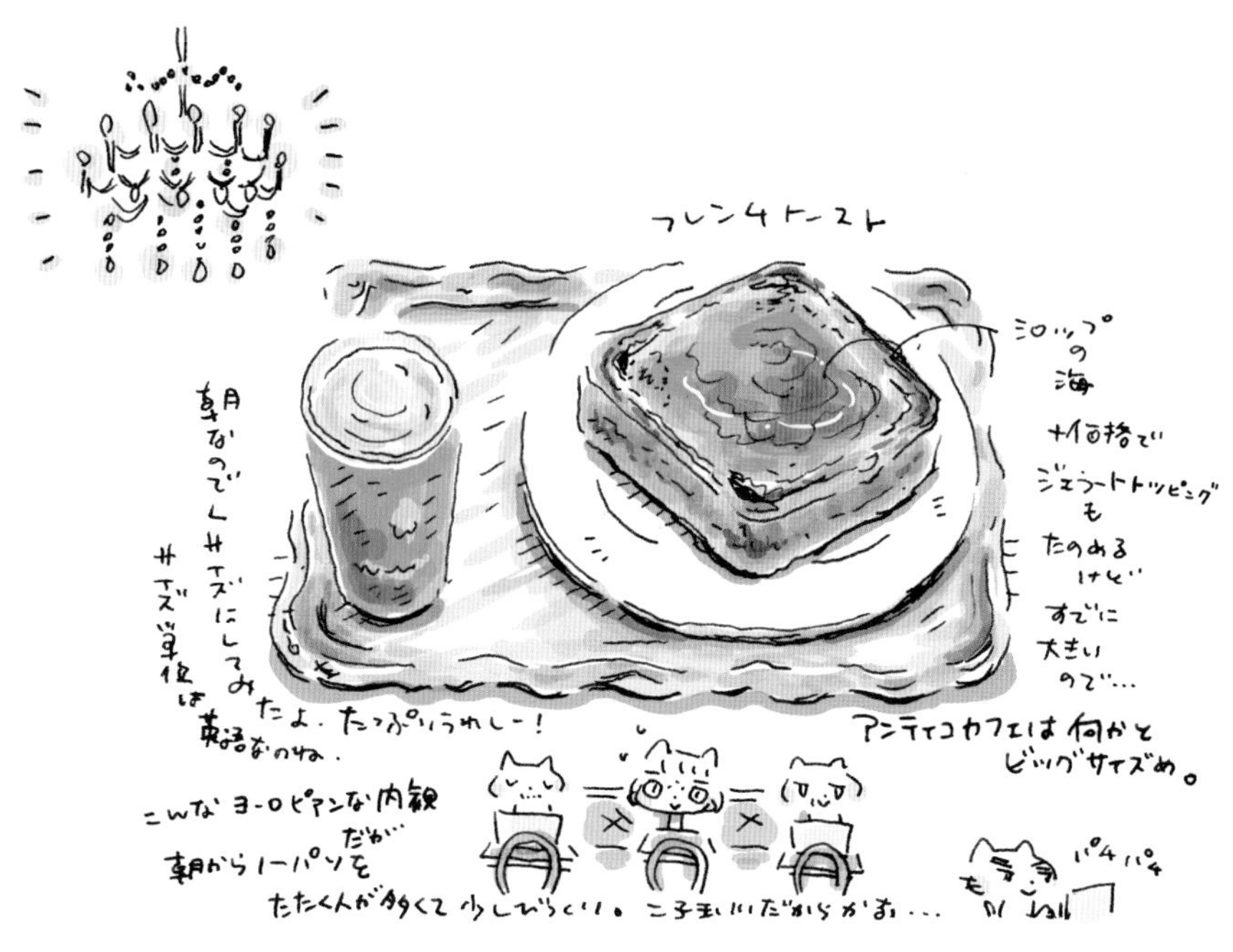
フレンチトースト
シロップの海
+価格でジェラートトッピングもたのめるけど すでに大きいので…

朝なのでLサイズにしてみたよ。たっぷりうれしー！

サイズ単位は英語なのね。

アンティコカフェは何かとビッグサイズめ。

こんなヨーロピアンな内観だが 朝から1ーパンを たたく人が多くて少しびっくり。二子玉川だからかな…

パチパチ

CLASSIC
なつかしメニュー

なつかしメニュー
アンティコカフェと言えば…!!
的な ところがありました。
ビニエ
BIGNÉ
イタリア風 シュークリーム。
サックサクの皮に たっぷりカスタードクリーム。
くだいたナッツのだ。
とても大きいので満足感が高かった

＊2020年早春、クリームを内側にとじこめたタイプで復活！

SHOP DATA

アンティコカフェ アルアビス ● 歴史： 2011年～ **運営会社：** 株式会社重光 **一号店：** なんばパークス店（大阪 現在は閉店） **MENU：** ブレンドコーヒー、ホットチョコラータ

紅茶党もうれしい喫茶チェーンたち

紅茶専門店はチェーンにもあります。コーヒーがニガテな人も楽しめる、それでいて紅茶のお店ならではの、華やかな世界観も味わってみてね。

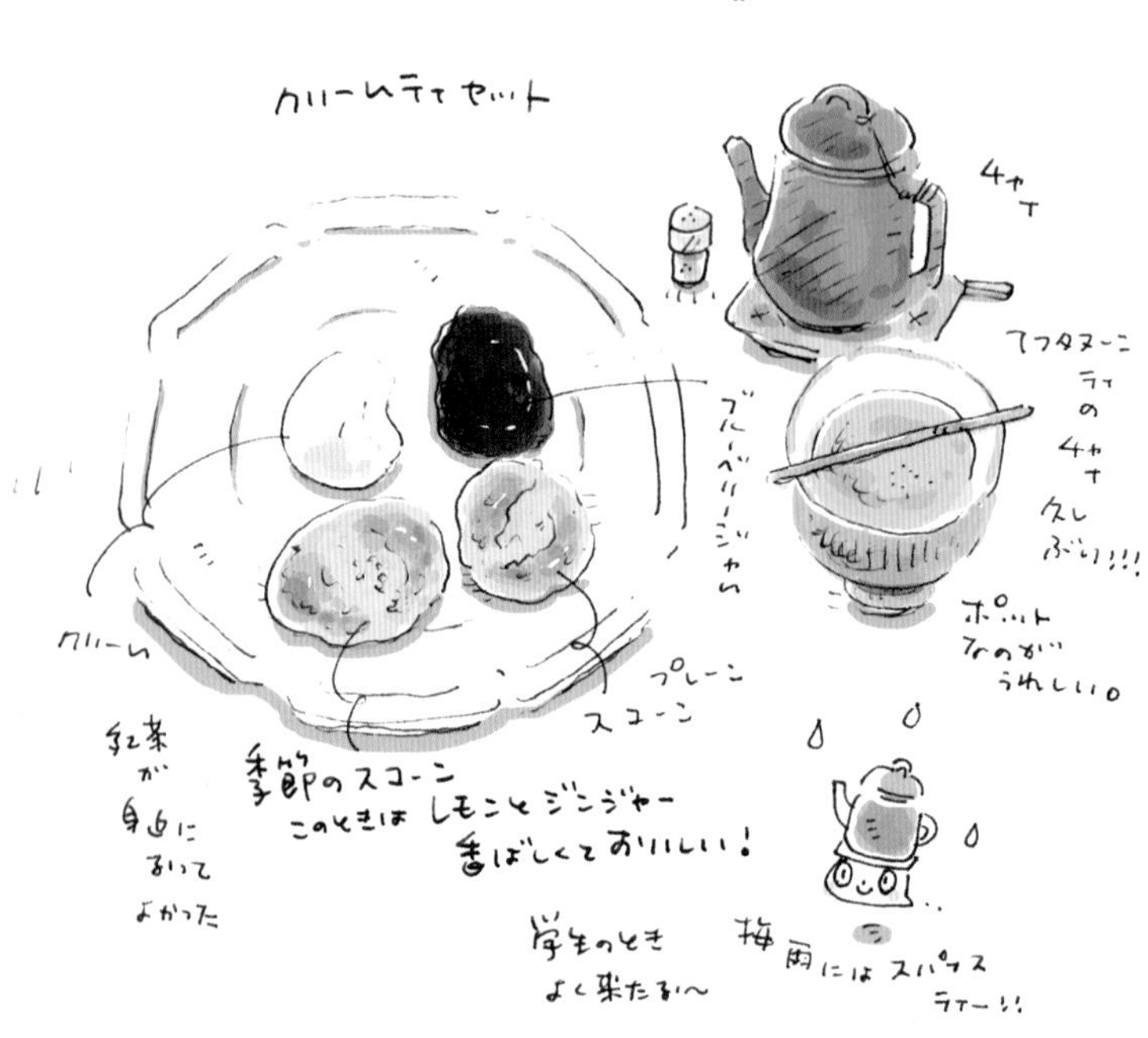

クリームティーセット
ポット
アフタヌーンティーのポット久しぶり!!!!
ブルーベリージャム
ポットなのがうれしい。
クリーム
プレーンスコーン
紅茶が身近にあってよかった
季節のスコーン
このときはレモンとジンジャー
香ばしくておいしい!
学生のときよく来たな〜
梅雨にはスパイスティー!!

物語で見た英国気分を味わえる王道紅茶喫茶チェーン

AFTERNOON TEA TEAROOM
アフタヌーンティー・ティールーム

子どものころ、コーヒーや紅茶は「物語にでてくる飲みもの」、喫茶店は「物語に出てくる場所」としての憧れが強くて、とくに夢見る女の子的には、紅茶のほうがより、メルヘンな魅力を感じたものでした。そういう小物として物語に登場しがちだったということなのでしょう（コーヒーは煙草に近く……ハードボイルドやミステリーなど……どちらかというと男のロマン的なイメージ）。

多くの喫茶チェーンでは〝コーヒーのお店なのに紅茶を頼んでしまうわたし〟という後ろめたさがありました。でも、アフタヌーンティーでなら、紅茶を堂々と頼める！　……と紅茶専門店としての立ち位置もまだ理解してなかったころの学生のわたしは思ったものです。

茶葉の種類、スコーンは紅茶に付きものであること、「コゼー」の役割、「チャイ」という飲みものの存在……などなどは、アフタヌーンティーと、「カレルチャペック」の山田詩子先生の著書で覚

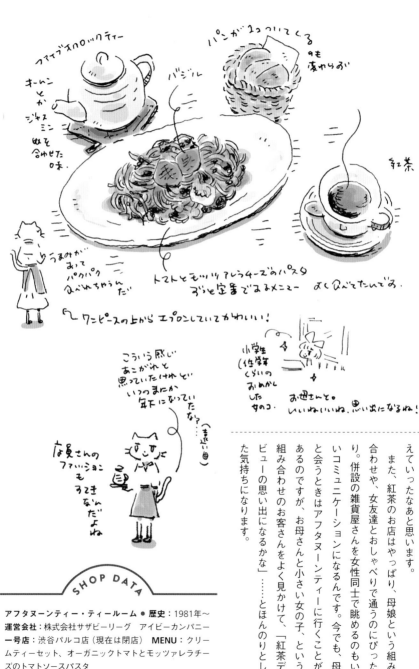

ファイブオクロックティー
オーレンとかジャスミン等を合わせた味。
バジル
パンが1つついてくる
紅茶
うまみがあってパクパクたべれちゃうんだ
トマトとモッツアレラチーズのパスタ
ずっと定番であるメニュー よく食べてたんだよね。
ワンピースの上からエプロンしていてかわいい！
小学生（低学年くらいのおめかしした女のコ。
お母さんと。いいねいいね。思い出になるね！
こういう感じあこがれと思っていたけれどいつのまにか年下になっていたなぁ…（遠い目）
店員さんのファッションもすてきなんだよね

えていったなあと思います。

また、紅茶のお店はやっぱり、母娘という組み合わせや、女友達とおしゃべりで通うのにぴったり。併設の雑貨屋さんを女性同士で眺めるのもいいコミュニケーションになるんです。今でも、母と会うときはアフタヌーンティーに行くことがあるのですが、お母さんと小さい女の子、という組み合わせのお客さんをよく見かけて、「紅茶デビューの思い出になるかな」……とほんのりとした気持ちになります。

SHOP DATA

アフタヌーンティー・ティールーム ● 歴史：1981年〜
運営会社：株式会社サザビーリーグ アイビーカンパニー
一号店：渋谷パルコ店（現在は閉店） **MENU**：クリームティーセット、オーガニックトマトとモッツァレラチーズのトマトソースパスタ

本格スリランカ紅茶とワッフルのマリアージュにめろめろ

MOTHER LEAF
マザーリーフ

冬の限定メニュー
ほたてとカリフラワーのクリームパスタ
ルッコラ
黒コショウアクセント！
ホタテ.
カリフラワー
ランチのためポットではないけど大きなカップで満足!!
今日の紅茶はディンブラ
やった!!
ディンブラ好き～
紅茶のミルク
紅茶のシロップ
につけていただく
ワッフル4枚.
サラダのかわりにワッフルというところがいきおいがあってよい…
炭水化物に炭水化物…
ワッフルのみもあるのだけど
ココは「ランチにワッフルを付ける」のがいちばんこのお店らしいオーダーと思い…

紅茶のチェーンは、あまり数がありません。なぜなのか、ときどき考えてみるのですが、いつもこれだというところに辿りつけなくて。タピオカティのブームで、紅茶チェーンの波がきた？と期待したものの、やはり定着しなさそうな2019年の暮れです。

そんな貴重な紅茶チェーンのひとつである同店の目玉は、なんといっても「ワッフル」。ベルギーワッフルよりも軽くてさっぱり、クリームがはさんである昔ながらのしっとりタイプとも違う。

しかしわたしは、同じようなワッフルを、十数年前によく通っていた、個人経営の紅茶のお店で味わったことがありました。調べてみると、それもそのはず、その紅茶店のかつての店主さんが、このマザーリーフのコンサルタントをされていた。運命を感じる！

スリランカ紅茶を出すというのも、チェーンとしては斬新なところ。筆者はインド紅茶よりもス

ちょっと言い方が
オモシロかった
ので
笑ってしまった
(気付かれた)
2人で
4人席だと
怒るよね
?
スーツの
おじさま
たち
大丈夫
ですよ!
テキパキ

アフタヌーンティと比べると
かわいいくゴージャスに
振っている感じ。
意外とおじさんも
いて
よい
かんじ
ワッフル+紅茶
(+パスタ)
というのが…
案外腹もちもいいし
勝手がよいのかも。

しかも以前はランチの
ワッフルは食べ放題だったのだ
…!!!

リランカ紅茶のほうが好みなのです。で、このさっくりとした軽やかなワッフルが本格スリランカ紅茶のどっしりとした渋い味わいと、なんとも合うのでした。

　さらに、マザーリーフのトガっているところは、ランチセットのサラダをワッフルに置き換えられるところ。強い。しかも、このワッフルが４枚もついているのでありました。そんなボリューム感もあってか、案外男性客が多いところにも個性を感じます。

SHOP DATA

マザーリーフ ● 歴史：1999年～　**運営会社**：株式会社モスフードサービス　**一号店**：東銀座店　**MENU**：各種紅茶、ワッフル付きランチ

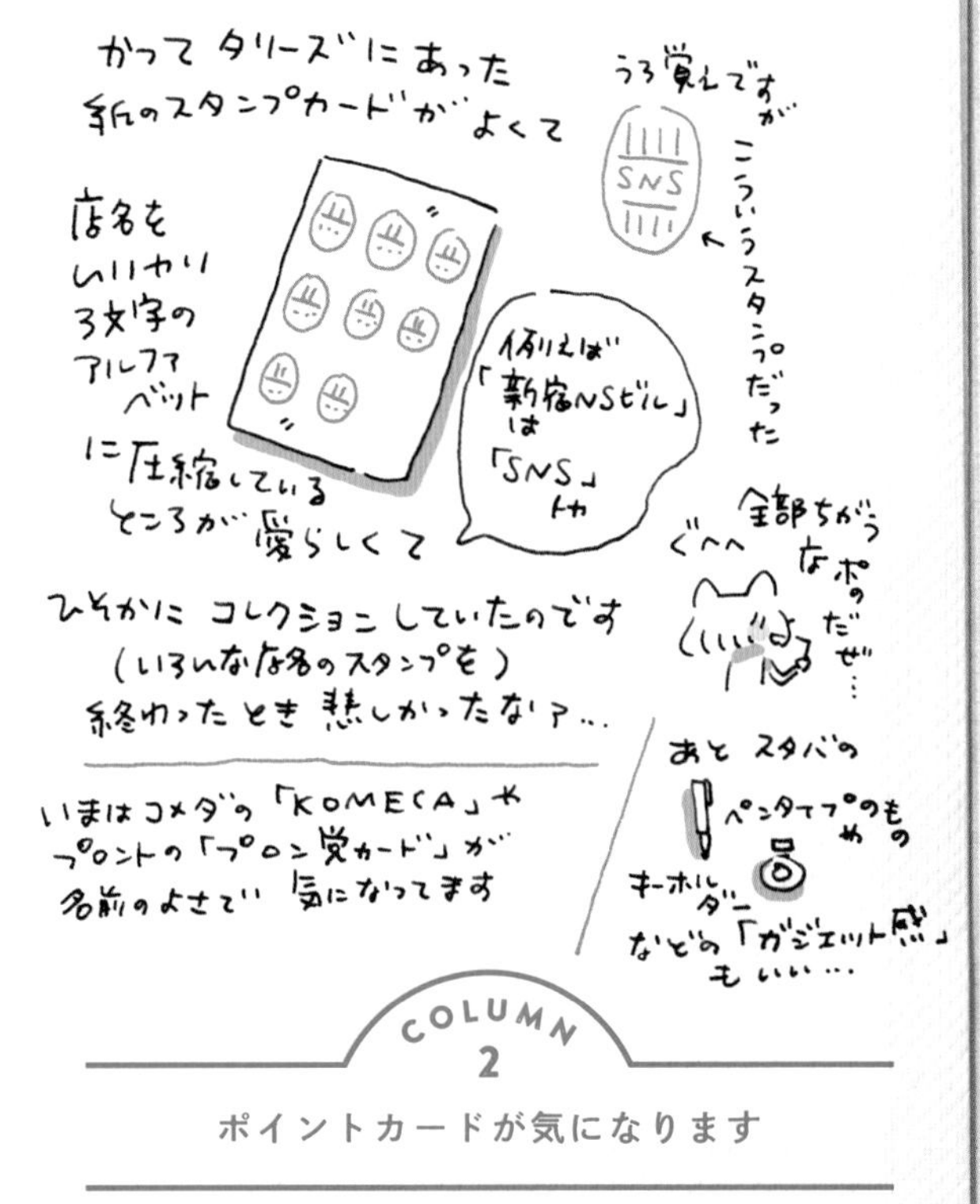
かつて タリーズにあった
紙のスタンプカードが よくて
店名を
むりやり
3文字の
アルファ
ベット
に圧縮している
ところが 愛らしくて
例えば
「新宿NSビル」
は
「SNS」
とか
うろ覚えですが
こういうスタンプだった
SNS
ぐへへ
全部ちがう店のなのだぜ…
ひそかに コレクションしていたのです
(いろんな店のスタンプを)
終わったとき 悲しかったなァ…
いまはコメダの「KOMECA」や
プロントの「プロン党カード」が
名前のよさで 気になってます
あと スタバの
ペンタイプのもの
キーホルダー
などの「ガジェット感」
もいい…

COLUMN 2

ポイントカードが気になります

CHAPTER 3

なつかしい雰囲気に いやされる 渋め喫茶店系チェーン

まるで個人経営店のたたずまいとおもてなしがニクイ

ウッディーでよいかんじ。
西小山店
以前はねこさんがいたよね。このお店。
ボリュームすごい!!! 良心的!!
モーニングのスクランブルエッグ
アイスカフェオレ…も付けられてうれしい。
ハム
バタートースト
サラダもりもり!!
スクランブルエッグ
地元シニアのみなさん
←のぞいてくるおばあさまも
苦めでおいしい。
なんかみんな健康の話をしてる

COFFEEHOUSE POEM
コーヒーハウスぽえむ

今でこそ、わたしのいちばん好きな喫茶チェーンの五本指に入る「ぽえむ」ですが、もともと愛好するほかのチェーン店ほどその歴は長くない。思い入れをもつようになったのは、とある街歩き番組を見たことがきっかけ。オーケン氏（大槻ケンヂ）がしょこたん氏をゲストに迎えて中央線をぶらぶらするというゆるい内容で、そのなかで登場したのだった。そのお二人が紹介した、というのがとても好印象だったし、グッときたエピソードとしては「いろいろな文化人がぽえむを個人経営の店だと思い込み、それぞれの作品に登場している」……というものだった。そんな不思議な個性を知ってしまうと、喫茶フィールドワーカーの血が騒ぐ。以後、遅ればせながらもその生態を観察するべく通っています。

ぽえむのいいところと言えばやはり、渋い個人経営店のような、味がありすぎるたたずまい。経年変化を経たインテリアは造形も凝っていて、こ

INTERIOR 内観

ラジオが静かに流れてるのもGood
ポエム三鷹店
COFFEE HOUSE
POEM.
インテリア全体的にアメ色に味が出ていてよいかんじ…
物影にいらっしゃる店主さん
床のもようもいいかんじ

れから新しく買い直したりすることは不可能ではないかな、と想像されます。お客さんもそんなレトロなムードに惹かれて集まっているので、どの店舗でも、のどかな空気が醸成されている。

店頭ののぼりなどで「100種」と豪語するコーヒーメニューは、豆の種類のほか、いわゆるアレンジコーヒーがいろいろ用意されています。それらのドリンクのメニュー表での説明もひとつひとつに味わいがあって、眺めているだけでわくわくでき、「攻略」欲をかきたてる。

食べものメニューに関しては、お店ごとにオリジナルが用意されていることもよくあり、いろいろな「ぽえむ」を巡礼するというのも、このお店の楽しみ方のひとつではないかと思います。

ポエム幡ヶ谷
POEM

LIMITED
限定メニュー
春キャベツとベーコンのサンド。
カフェオレの生クリームのせ。
ベーコンの間に春キャベツ。アンチョビマヨネーズと。
食感もおいしい
多かったけどおいしくて
ペロリだ
コーヒーは200種以上
ある
ひとつひとつの
説明にも
愛を感じる
ということで
ぽえむの
イラストは
毎回飲みものを
変えてみました！
ちゃんと実際飲んだんだヨ
STANDARD
定番メニュー
甘くて
飲みやすいけど
しっかり
コーヒー
味も。
ヤガフレードのメッツオメッツオに
似ている。
チョコ入りアイスカフェオレ
アイスカフェ
雨スゲー
ふって
まちがったよ
どうすんだ
ですねー
プチ
サラダ
ハムエッグトースト
マヨ
ウ〜ん
長考
「ハムエッグのせ」で食べる場合は
どうすれば…
ひとりで
来ている
オジサマ。
外が雨で
何だか
たのしそう
ハム
エッグ
バタートーストは多分に1/3カットになっている
ハムエッグをナイフとフォークで
カットしトーストにのせながら食しました
最適解かは不明
雨やどりキッサは
連帯感うまれるよね。

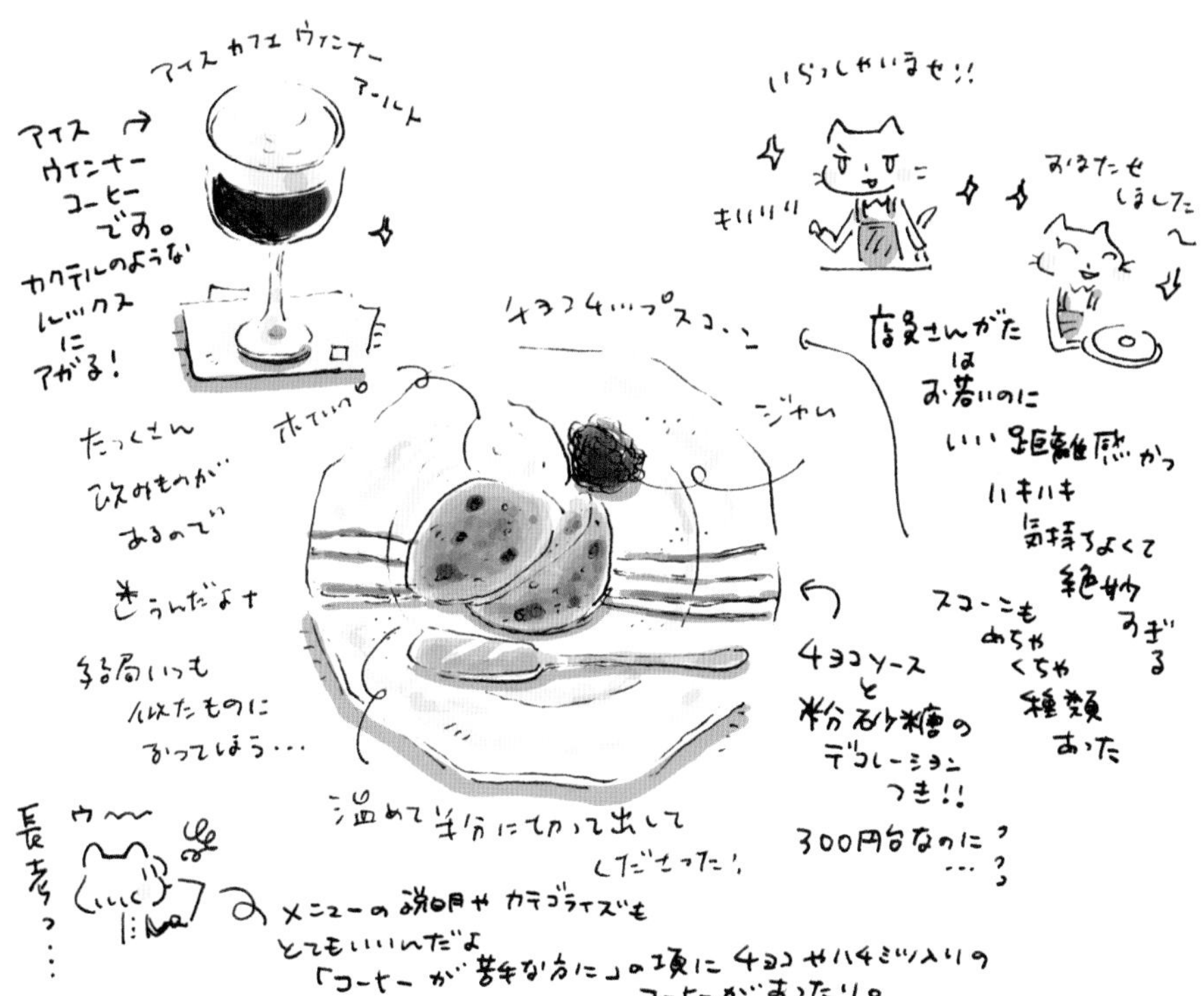
アイスカフェウィンナー
アイス→ウインナーコーヒーです。カクテルのようなルックスにアガる！
いらっしゃいませ!!
キリリリ
おまたせしました〜
チョコチップスコーン
ホイップ
ジャム
店員さんがたはお若いのにいい距離感かつハキハキ気持ちよくて絶妙すぎる
たっくさん飲みものがあるので迷うんだよな
結局いつも似たものになってしまう…
スコーンもめちゃくちゃ種類あった
チョコソースと粉砂糖のデコレーションつき!!
300円台なのに？？…
温めて半分に切って出してくださった！
長考っ…
メニューの説明やカテゴライズもとてもいいんだよ
「コーヒーが苦手な方に」の項にチョコやハチミツ入りのコーヒーがあったり。

MEMO | **コンプしたい！ 全国のぽえむ**

個人経営店のような顔をしながら、全国展開するぽえむ。ふつうの喫茶チェーンは全部まわってみようとあまり思わないのだけれど、ぽえむなら、お店ごとの個性も味わいたいし、軒数的に可能なのでは……とささやかなる野望を抱いてしまうのだった。

山形県 酒田中町店

埼玉県 西川口西口店、新所沢店

千葉県 本八幡北口店

東京都 下高井戸店、小平南口店、高円寺南口店、幡ヶ谷店、用賀店、狛江南口店、西小山北口店、東大和北口店、新井薬師南口店、三鷹下連雀店、井荻店、日本橋店、ギャルリ・ド・ぽえむ（下高井戸）

神奈川県 伊勢佐木町店、三浦海岸駅前店

長野県 高遠店

大阪府 豊中本町店

高知県 高知新京橋店

沖縄県 那覇開南店、珈琲三昧ぽえむ八重瀬店

STANDARD
定番メニュー

クリームとアイスの量、
コーヒーゼリーの量のバランスが
最高すぎる!!!!
クリーム
コーヒーシュガー
シナモン入りのカフェオレ
POEM
シロップかリキュールをえらべてリキュールにしたよ。
アイス
大人味でトロケルぜ!!!
コーヒーゼリー
リキュール入りのコーヒーゼリーに合うかなって。
ここここれは…
「理想のコーヒーゼリー」と言っても過言ではないのではははは
ヒョ〜

店舗ごとの
オリジナルメニューも

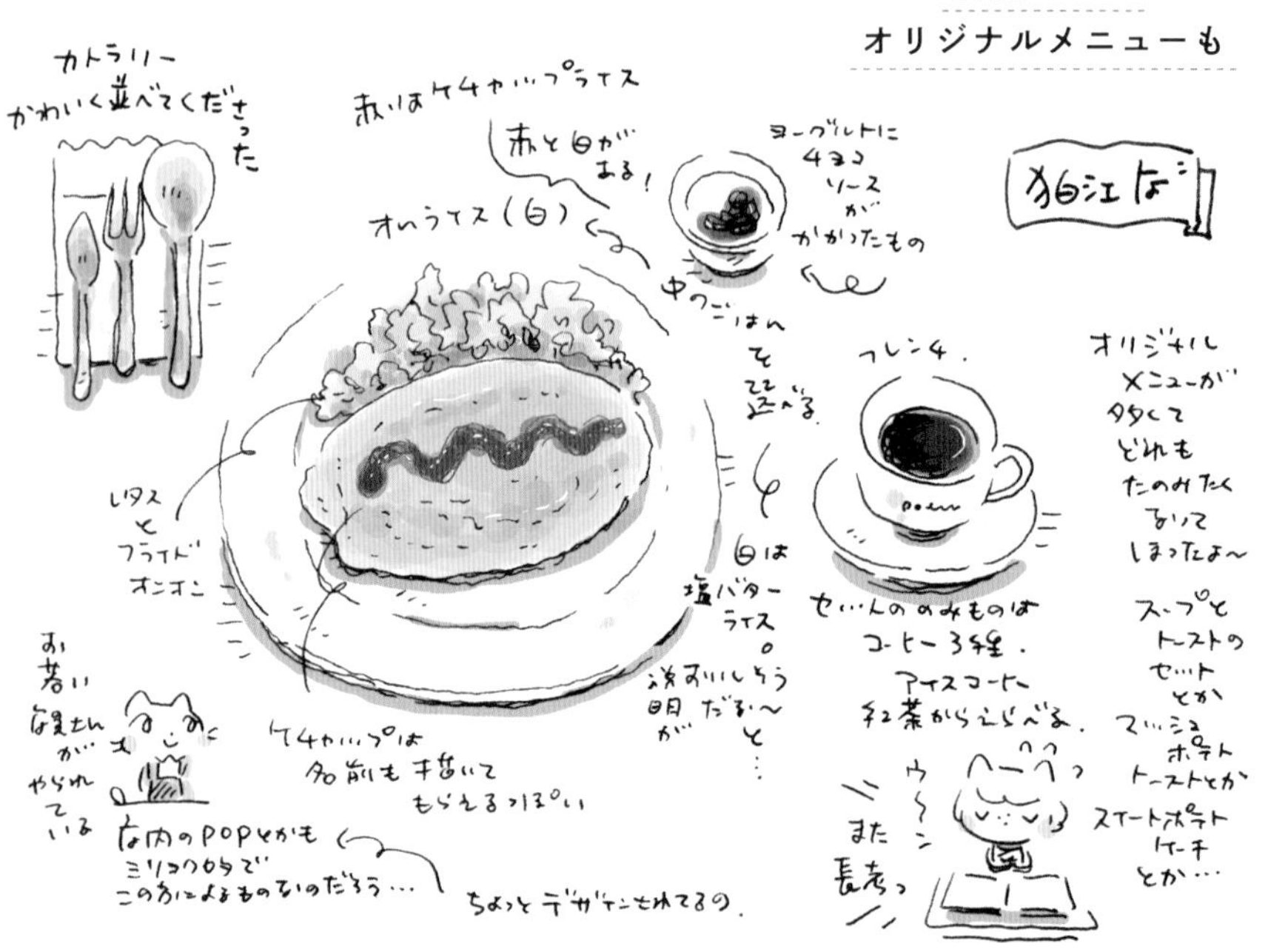

カトラリーかわいく並べてくださった
赤はケチャップライス
赤と白がある!
ヨーグルトにイチゴソースがかかったもの
狛江店
オムライス(白)
中のごはんを選べる。
フレンチ.
オリジナルメニューが多くてどれもたのみたくなってしまったよ〜
レタスとフライドオニオン
白は塩バターライス。
セットのおのみものはコーヒー3種、アイスコーヒー、紅茶からえらべる。
スープとトーストのセットとか
マッシュポテトトーストとか
スイートポテトケーキとか…
お若い店長さんがやられている
ケチャップは名前も描いてもらえるっぽい
ちょっとデザインされてるの。
ウ〜
また長考っ

チェーン店「擬人化」計画！

ぽえむの存在にはなにかと「ロマン」を感じています。旅先など、ちょっと遠出した先で入ってみたぽえむは、やっぱりシレッとぽえむの顔している。そのお店にはそのお店の歴史がしっかりあって、独自のメニューがあることも。お客さんも、みんなご当地のお店と思っている。まるで、一緒にうまれた双生児たちが、兄弟の存在は忘れてしまって（実際はメニューやレギュレーションが共有されていたりします）各地に散らばって、それぞれの人生を歩んでいるかのような。

全国に
ぽえむの双生児たち

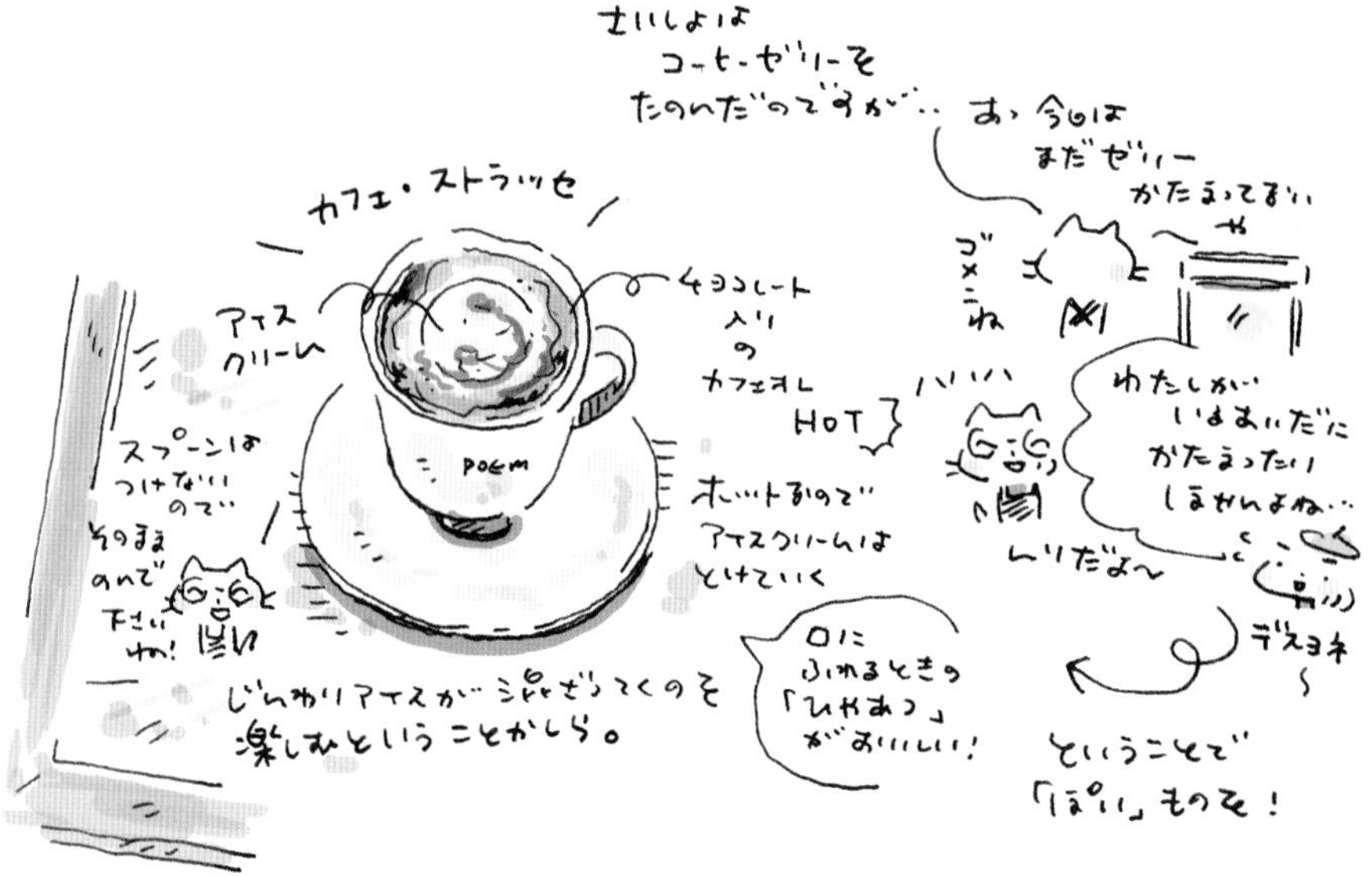

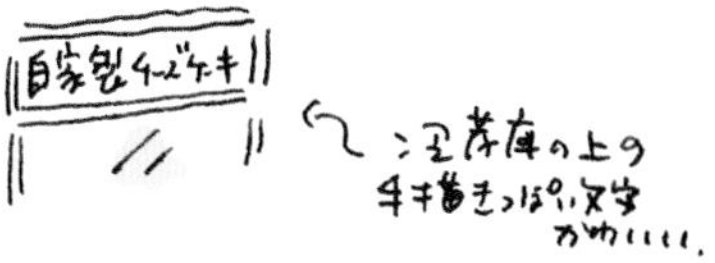

さいしょは コーヒーゼリーを たのんだのですが…
あっ今日は まだゼリー かたまってないや
ゴメンね
カフェ・ストラッセ
アイスクリーム
チョコレート入りのカフェオレ HOT
スプーンはつけないので そのまま飲んで下さいね！
POEM
ホットなので アイスクリームはとけていく
ハハハ
わたしがいる間に かたまったりしませんよね…
ムリだよ〜
デスヨネ〜
じんわりアイスが混ざってくのを楽しむということかしら。
口にふれるときの「ひやあつ」がおいしい！
ということで「ぽい」ものを！
自家製チーズケーキ
ショーケースの上の手描きっぽい文字かわいい。

SHOP DATA

コーヒーハウスぽえむ ● **歴史**：1966年〜　**運営会社**：株式会社日本珈琲販売共同機構　**一号店**：阿佐ヶ谷店（現在は閉店）　**MENU**：ブレンドコーヒー、スコーン、コーヒーゼリー

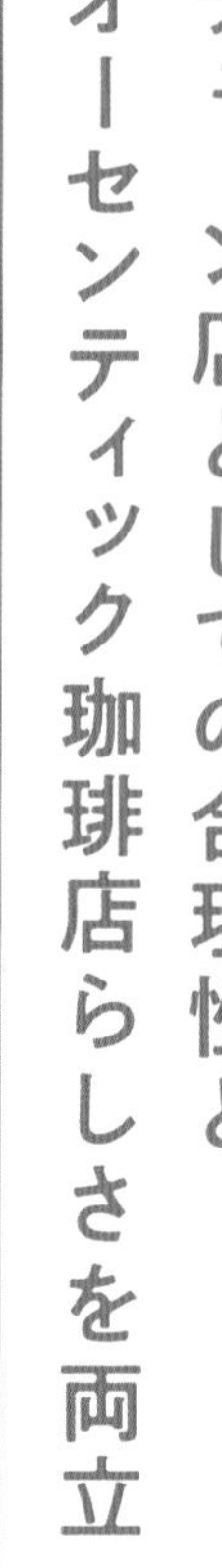

チェーン店としての合理性とオーセンティック珈琲店らしさを両立

STANDARD
定番メニュー

UESHIMA COFFEE TEN
上島珈琲店

北〜東日本在住だったわたしにとっては、西日本の喫茶店では、コーヒーにミルクも砂糖も入れがちであることは、だいぶ後に知ったことだった。最初の勤め先だった出版社の編集長が関西の人で、コーヒーを「（砂糖もミルクも）有り有りで」といつも頼んでいて、これは個人の好みかと思っていたが、上島珈琲店やコメダ珈琲店における甘いコーヒーの存在や、関西方面への旅行などで、点と点が繋がった。そもそも、ロングセラーの缶コーヒー「UCC ミルクコーヒー」が甘くミルキーであることを思えば、親戚筋であるこちらのお店が、こういったコーヒーを出すのもよく理解できます。

　この甘いコーヒー、筆者がかつて食事とともに飲むのに苦戦していた、シアトル系チェーンによるミルキーで甘いコーヒーとは一線を画すものだった。甘さのベクトルが、黒糖やゴマといった「和」テイストで、味覚的になじみやすかったのだ

INTERIOR 内観

キャッシャー
こちら側は喫煙席。初期からハッキリ区切っていたよね。
木の目隠しみたいなカベおちつく
ここは鏡。奥行きを演出。
モスグリーンの
全体にイスの色調が…シックにまとまっている
ウッディーなテーブル
ジュータン
照明の暗さ、静かに流れるジャズもよい。
神保町店

と思う。今となっては、どんな食事にどんなコーヒーが一緒でも、飲めちゃうカラダになってしまいましたが……。

硬派な珈琲店の要素を踏襲しつつも、今どきの客層も想定した〝ハイブリッド感〟もまた、上島珈琲店の大いなる魅力。

店内は適度に暗く、ぴかぴかに明るすぎない。照明は暖色系で、流れるBGMはジャズ。音量はひかえめで、低音が心地よくおなかに響いてくる。

電源のある座席や、扉でしっかりと分けられた喫煙席の存在を、ぬくもり感あるレトロモダンな内装デザインが包み込む。どんな用途で訪れても、浮かずにくつろげるような配慮をビンビンに感じる。そこかしこから伝わるバランス感覚に、シビレてしまうのでした。

キャッシャーの店員さんもパリッとしていてよい感じ。
オーセンティックなコーヒー店のカウンターにたたずむ店員さんのような。

ミルク珈琲の上島らしいメニューたち

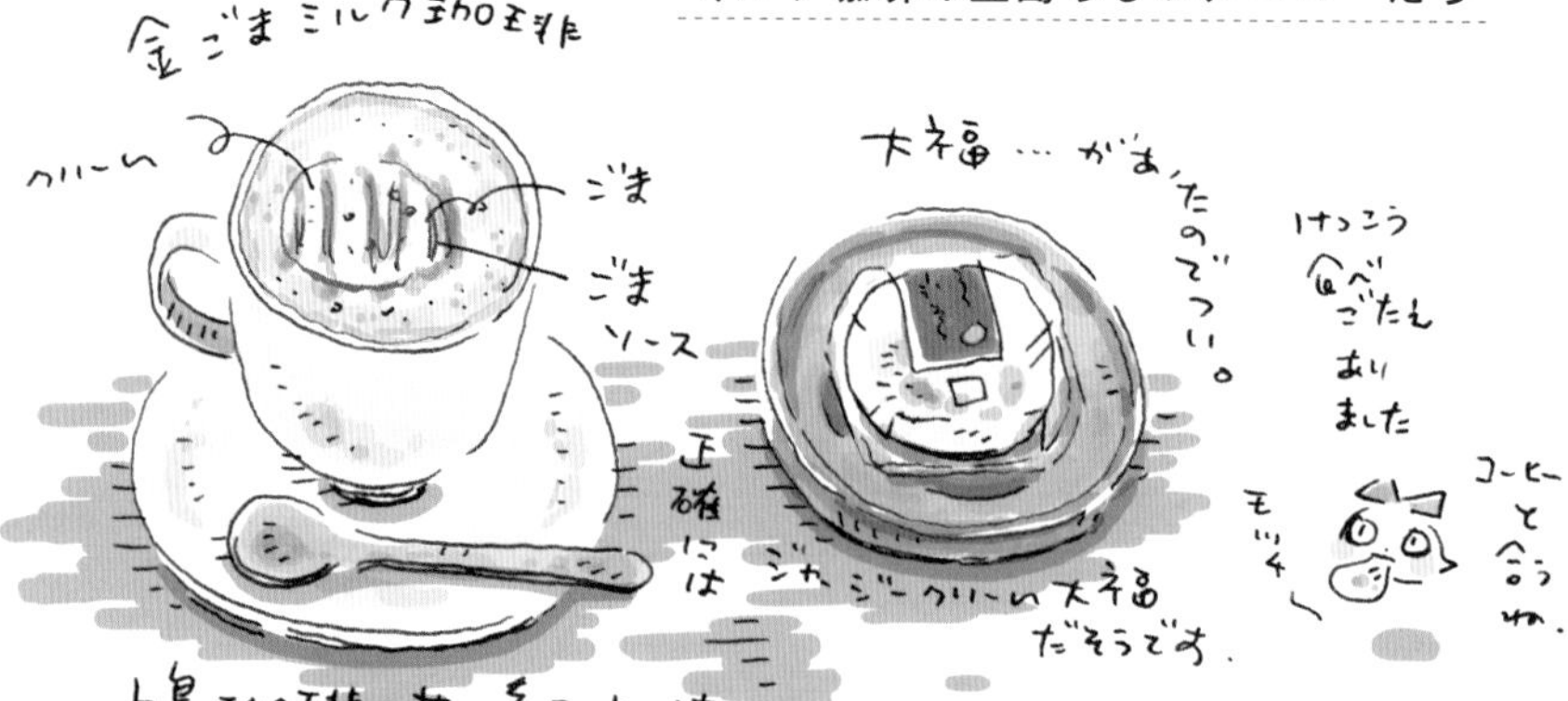
金ごまミルク珈琲
クリーム
ごま
ごまソース
大福…があったのでつい。
けっこう食べごたえありました
正確にはジャージークリーム大福だそうです
モッチ〜
コーヒーと合うね。
上島珈琲の甘い系コーヒーは
甘すぎなくてちょうどいいんだよね〜

マグのアイスコーヒーで
カンパイする
ビジネスマンがいた。→

ウ〜イ

新鮮な
光景だ
(よい)

2019夏。
ホイップ
トラディショナル
W
アイス
カフェ
コーヒーは甘くなくキリリとしていてアイスとあう。
ウィーンで人気の「Eiskafee」をアレンジした商品とのこと。
マドラーがわりの棒状の焼き菓子。
試行錯誤する性分なもので…
結露…

今日はマグの「結露対策」として
氷少なめオーダーしてみました。
さらに紙ナプキンもいただいたゾ✧

MEMO

「ウエシマ」といえば ミルクコーヒー

上島珈琲店に足を運ぶ以前から、脳内で「ウエシマ」という固有名詞が「ミルクコーヒー」と分かちがたくセットになっていた人も多いと思う。もちろん、あの3色の缶コーヒーのことだ。「UCC ミルクコーヒー」は1969年に誕生した、ロングセラー商品。公式サイトによると開発のきっかけは、創業者の上島忠雄さんが駅で瓶入りミルクコーヒーを買った際、瓶を店に返さなければいけなかったため、飲み残して列車に乗らざるを得ず、それを悔やんだことから、という。

ランチセット
黒糖ミルク珈琲
メープルベーコンサンド
ゆでタマゴ
パンは黒パン
断面美!!!
ベーコン
チーズ
パンにメープルがしみている
つ…罪な味だぜ…
にんじんスープ
サラダorスープ
おいしい!!
ヘルシーなかんじします
照明の落ち着き加減、ジャズが流れるなど
ちゃんと「コーヒーな」していて居心地よし…
電源席
いろいろな席がフンワリ設けられている。
席の間隔もほどよい。
店内のウッディーな色調と植栽が調和して穏やかなムードをつくっている。
パソコン席もシックで良い
SHOP DATA

上島珈琲店 ● **歴史**：2003年〜　**運営会社**：ユーシーシーフードサービスシステムズ株式会社　**一号店**：神田神保町店　**MENU**：黒糖ミルク珈琲、金胡麻ミルク珈琲、クロックムッシュ

在りし日の「ふつうの喫茶店」ぽさがグッドなチェーン

ほどほどの古いフンイキ
ゆとりある席の間隔など
時代の良心を感じるぜ!!
これはBセット
モーニングセット（11時まで）
ほか
トーストのみ
グラノーラセット
サラダセット
がある
ソーセージ
バタートースト
ケチャップ
給食みたいでソソル
ブレンド（アメリカン、紅茶）もえらべる。
スクランブルエッグ
サラダ
粒マスタード
このタイプのモーニングはずっとあるよね。
かつては+α価格でソーセージとかタマゴの追加トッピングもできたハズ…

CHAT NOIR/CAFFÈ VELOCE
コーヒーハウス・シャノアール／カフェ・ベローチェ

「シャノアール」が好きだ。でもそう言うと、だいたいの人は「ベローチェ」が好きなのだと思うみたい。シャノアールの話をしているのに、相手はベローチェの話をしていると思って聞くので、なんだか話がずれていくことが何度もあった。これは、ベローチェのロゴに小さくシャノアールと入っているからだと思われる。その意味するところは本来、シャノアールが本編でベローチェがスピンオフ作品……みたいなことなのに（とわたしが勝手に思っている）、いつしか、より知られているベローチェがシャノアール、ということになってしまったのだ。たぶん。

昭和の「街のふつうの喫茶店」のような店内は素朴で、余裕ある席配置も楽チン。メニュー構成もほどよくレトロで飾らず、ほっとする。

シャノアールは立地もよくて、ちょっと渋めで文化的な街に出店している印象。かつてお世話になった早稲田店や神保町店（現在は閉店）、下北沢

MEMO
メニュー表の素朴さも推しポイント

喫茶チェーン店のメニュー表は、あまりデザインされすぎていないほうが、個人的には好きだ。簡素なデザイン（手書きだっていいとすら思う）であったほうが、喫茶店らしさの演出になるのになと思っているのだ。シャノアールのメニュー表はまさに、そんな絶妙なさじ加減のホッとするデザイン。お立ち寄りの際にはぜひ、眺めてみてね。

ベローチェより
シャノアール派!!!

早稲田店
…はわたしのシャノアールデビューのお店。
店内の感じそのままでなつかしい…!!
小倉トースト
なかなかのボリューム……!
アイスカフェオレ
+100円でソフトクリームもつけられる…!!
ホイップはやさしい味。

店（現在は閉店）などを思い出します（と、この本をつくっている最中に早稲田店も閉店してしまった……）。

そういうわけでシャノアール派だったわたしですが、改めてまっさらな気持ちで、ベローチェにも通ってみました。すると、こちらはこちらで、とってもくつろげる。店内は落ち着いた色調でまとめられているし、カウンターテーブルや照明はオリジナルのデザインで、内装にお金をかけるいい時代のカフェの匂い。そもそも、ベローチェ自体も1986年にスタートという、ドトールと近い時代のお店なのだ。客層もビジネスマンが食後にさらっと一杯引っかけていくような感じがあり、これもヨーロッパの街角感があってグッド！

ジャージ姿でテーブルに新聞をのせたままねてるオジさんなどいらしてとてもよい。

チェーン店「擬人化」計画!

清楚な'60sレトロガール、シャノアール姉さんと、トラッドで活発なベローチェちゃん。シャノアール姉さんはさりげない存在感ながら、包容力があって、そばにいると安心できる。駅前に行くと、どこかでシャノアール姉さんに会えるのでは、と期待してしまうけれど、最近、駅前でばったり会えるのはベローチェちゃんの方。彼女は働き者で、今も流行をチェックしながら姉を助けています。

黒猫
シャノアール
Sisters

おなじみベローチェはシャノアール系

店内 けっこうシックな インテリア なのね
携帯ゲーム猫
ジャーマンソーセージ…という名のホットドッグ
210円 (2019秋)
カフェオレ M
カウンターテーブルは基本的に中央についたてがあったり、カベ向きだったりして人と向き合わないように工夫されている。
お値打ちだ!!!!!
← カウンターテーブルの照明もレトロでロマンチックなデザイン。
お昼ゴハンというより別のお店でがっつりランチした後の一服という方多し。
男性のビジネスマンの方が多い印象。

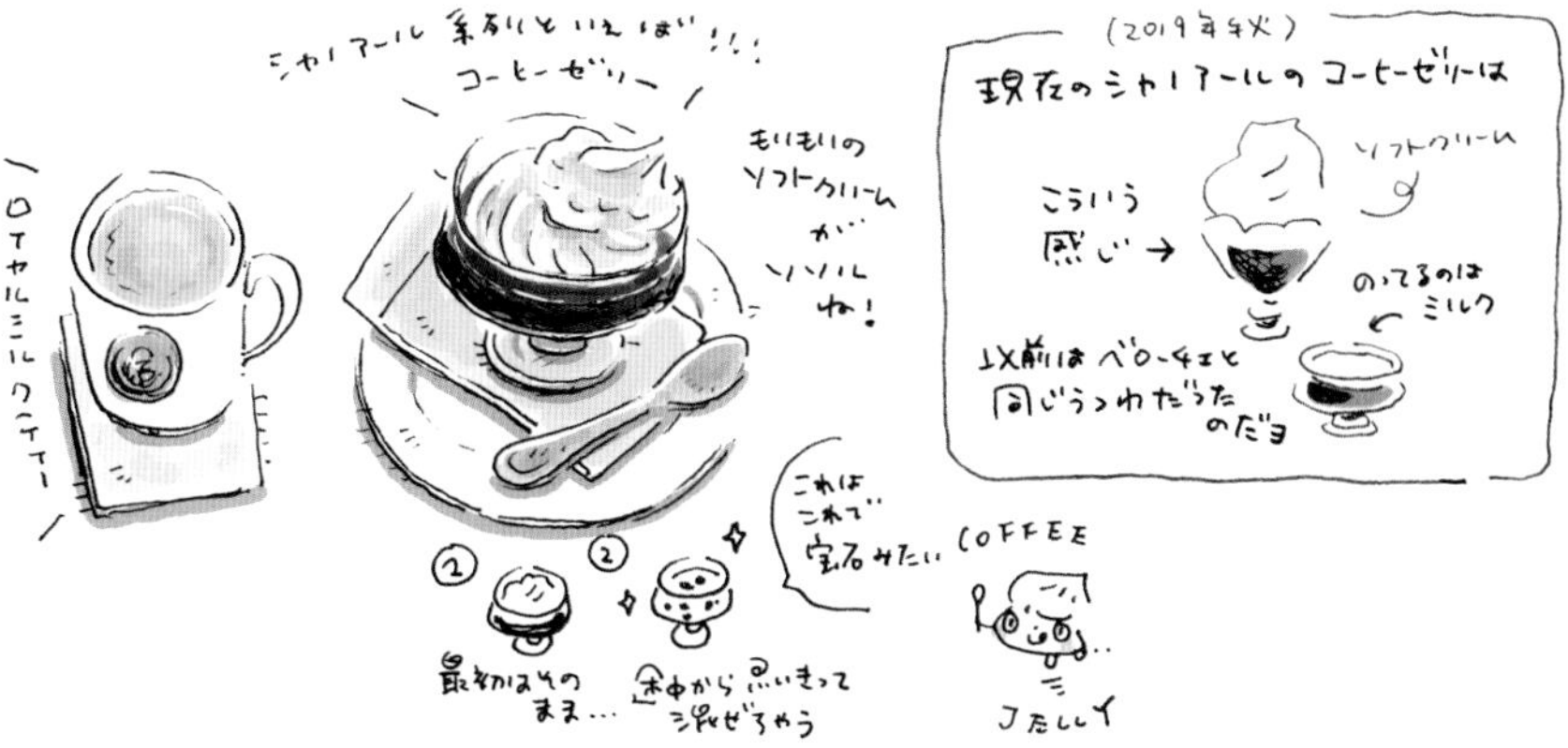

シャノアール系列といえば!!! コーヒーゼリー

ロイヤルミルクティー

もりもりのソフトクリームがソソルね!

(2019年4月)
現在のシャノアールのコーヒーゼリーは
こういう感じ→
ソフトクリーム
のってるのはミルク
以前はベローチェと同じうつわだったのだヨ

②最初はそのまま…
②途中から思いきって混ぜちゃう

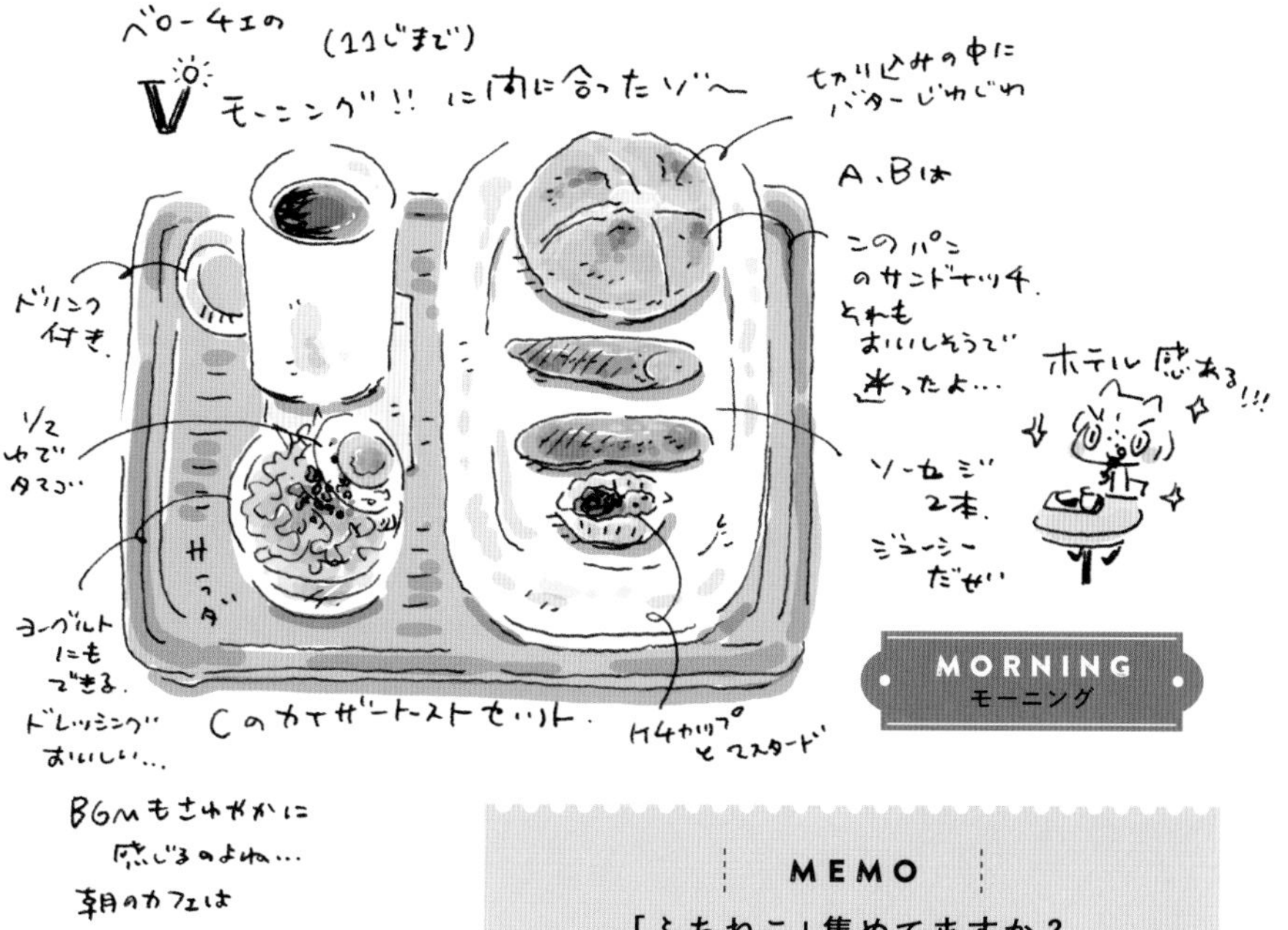

これはこれで宝石みたい COFFEE

ベローチェの(11じまで)
Vモーニング!! に間に合ったゾ〜

切り込みの中にバターじわじわ

A、Bは
このパンのサンドイッチ。
どれもおいしそうで迷ったよ…

ホテル感ある!!!

ドリンク付き。

1/2ゆでタマゴ

サラダ

ヨーグルトにもできる。
ドレッシングおいしい…

ソーセージ2本。
ジューシーだぜい

Cのカイザートーストセット。

ミニカップとマスタード

MORNING
モーニング

BGMもさわやかに
感じるのよね…
朝のカフェは

MEMO

「ふちねこ」集めてますか？

シャノアールとベローチェが、兄弟関係にあることが近年再認識されたイベントとして、「ふちねこ」キャンペーンがある。これは、シャノアール、ベローチェ、さらに同系列の「セジュール」「カフェラコルテ」でドリンク3杯分のレシートを集めると、コップのふちなどにひっかけて楽しめる黒猫のおもちゃがもらえるというもの。シャノアールはフランス語で黒猫なので、そういう意味でもイカしたキャンペーンなのだ。

SHOP DATA

シャノアール ● **歴史**：1965年〜（ベローチェは1986年〜） **運営会社**：株式会社シャノアール **一号店**：福生店（現在は閉店） **MENU**：ブレンドコーヒー、モーニング、コーヒーゼリー

世を風靡した「フレンチスタイル」珈琲店のチェーン

CAFÉ LA MILLE
カフェラミル

INTERIOR
内観

喫茶店の内装に、明確な好みがあります。わたしは、建築デザイナーの松樹新平さんが手掛けたお店が好きで、たとえば、原宿の「アンセーニュダングル」や神保町の「カフェ トロワバグ」、五反田の「カフェ トゥジュール デビュテ」など。その特徴をいくつか挙げると、しっくいの壁であったり、半小部屋に区切られた空間だったり、絵や文字が彫られたすりガラスのつい立てだったり、「おいしいコーヒーをどうぞ」という入り口の看板……などなど。

全盛期には東京だけで４００軒あったという松樹スタイル珈琲店。本書を手にしているみなさんも、どこかで一度は入ったことがあるのでは。

松樹さんの存在をまったく知らずに、のんきに喫茶店に足を運んでいた学生のころ、好きで通っていたお店のひとつが、このカフェラミルでした。

実はこのお店もまた、チェーン店でありながら、松樹さんがプロデュースをした経緯を持つお店の

わたしの好きなクラシカルタイプの！
自由が丘店
ラミルはもう少しPOPで明るい「ニュースタイルカフェラミル」なお店もあり、それはというらしい。
カフェ ヴィエノワ グラッセ
クリーム
少しコニャックが入っている。
ぷりんグラスが優雅！
たまらーん
入り口階段の空間もすてきだよね。
とってもおいしい…
また頼もう…
インスタの影響で
ミルクレープ
こっちも季節のデザートとかごうかなもので頼もうかと思うも…
バランスとってシンプルにしました。
一点ごうか主義。
ちがうか…少し
このごろ…いかん

ひとつ。今でも店内には、その片鱗をそこかしこで感じることができます（現在のカフェラミルには、松樹スタイルではない、カジュアルな店舗も用意されています）。

コーヒーとミルクが二層になった、カクテルのようなコーヒーメニューの存在もまた、このタイプのお店によくある特徴。カフェラミルには現在も、二層のコーヒーや紅茶のメニューが充実していて、喫茶時間をちょっと優雅なものにしてくれます。

隠れ家のような空間で、落とした照明のなか、お客さんのなにげない光景のひとつひとつが、なんだか映画のワンシーンのように見えてくる……チェーンだけれど、そんな奥行きを演出してくれるお店です。

間接照明がきいて 席ごとの灯りが「スポットライト」みたく見えて
フツーの人たちの何げないひとコマのハズなんだけど 何か「映画のひとコマ」みたく見えたりする。

ストローはいつも細いのが2本。
シロップは自分でかける。
(現在はない)
ランチのフレンチトーストセット
サラダ
オレグラッセ
以前ラミルのオレグラッセは
このようにハッキリとした2層のカフェオレだったのだけれど
近年はカフェオレとミルクのふんわり2層。
2層のドリンクはいくつか用意されている。
ランチドリンクとして選択できるのはウレシイ!!
雨の日キッサをしました…!
しくしく…
アイスロイヤルミルクティー
ストロー
たっぷりあるとなかなかなくならなくて幸せ
いちばん大きい直径で13cmくらい。
たっぷり!!! 大げさに描いてるワケではなくホントにこれ。
これはテンション上がる!!
ワーイ
2019年夏のメニューでした
LIMITED
限定メニュー

MEMO

松樹新平さんの喫茶店デザインのヒミツ

個人的に親交のある松樹新平さんから、本文で挙げたデザインの意図について、下記のように教えてくださりました。**●半小部屋**…目線が合わないような空間造りを意識した。**●エッチングガラス**…空間を仕切るのにも、薄くて済むこと、その向こうのシルエットが見えることで、にぎわいが消えない。**●カウンター上の大きな梁**…「お店でいちばん大切な場所が、カウンターである」と演出するため。**●漆喰の壁**…いちど造れば20年、30年もち、味もでる。

フロートテ オレ
浜松町な
貿易センタービルの地下にあり。穴場。
たっぷりクレミア
大学フリマの後のゴホウビに寄りがち……
たっぷりロイヤルミルクティ
もりあがるビジュアルだ〜!!
ただし芯まで冷えた…

MEMO ┆ **「二層のドリンク」メニューも多いゾ**

カフェラミルの飲みものメニューには、二層のものが多い。具体的には、コーヒーとミルク、紅茶とミルク、といった茶（黒）と白の二層だ。松樹プロデュース店に多くみられる二層アイスカフェオレ「オレグラッセ」からの派生と思われる。メニューはリニューアルを繰り返しつつも、二層ドリンクは健在。白の層はミルク以外にクリームやソフトクリームのものも。渋い空間に映えるのだ。

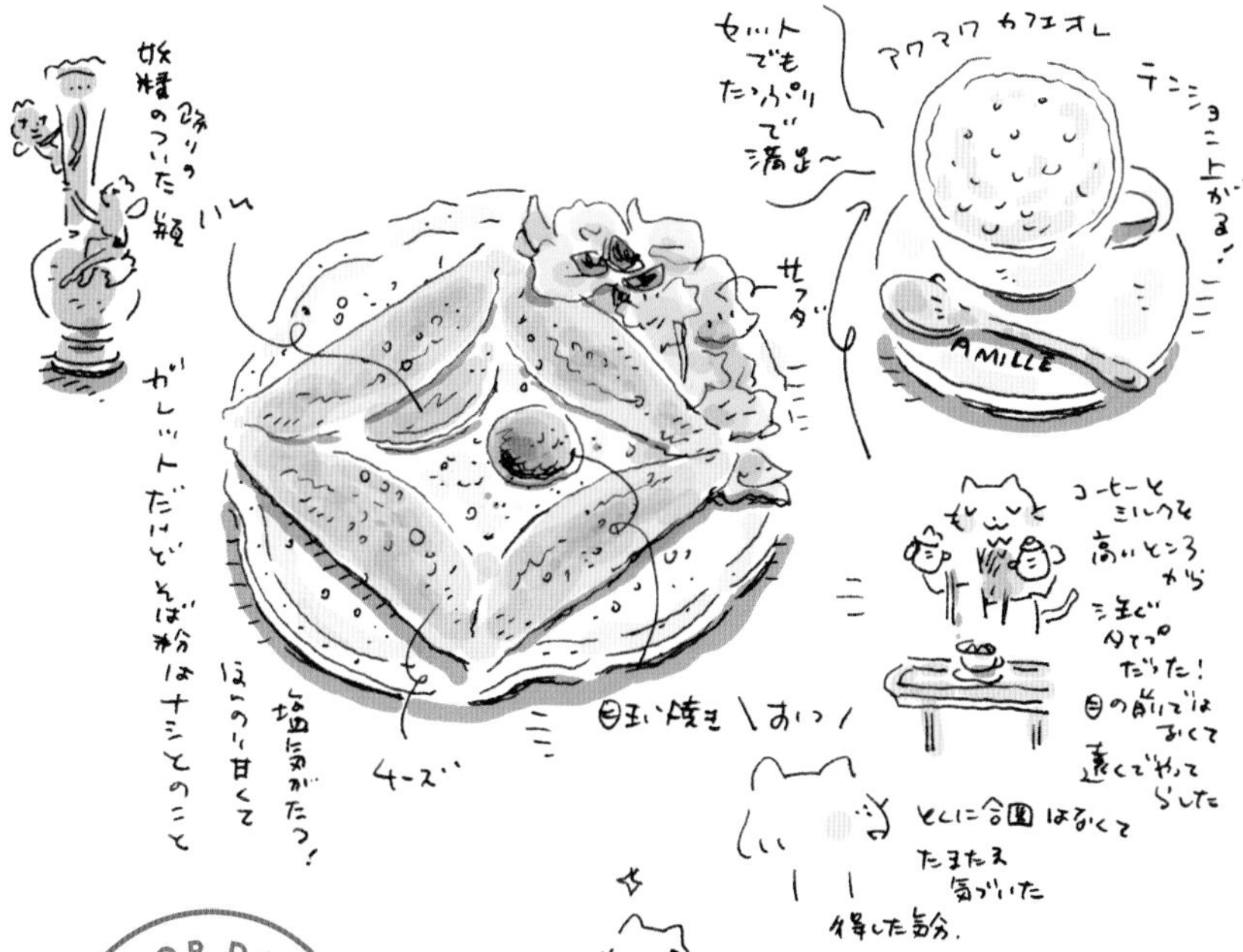

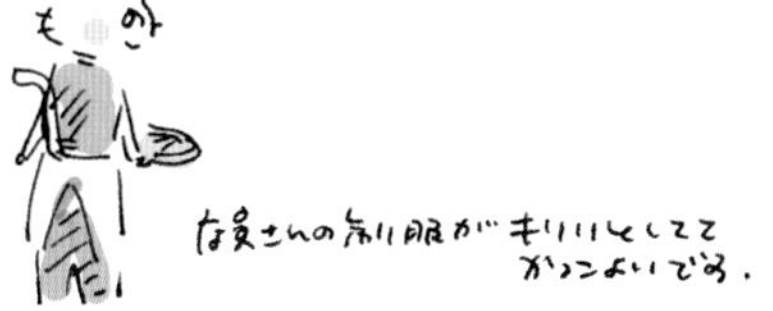

SHOP DATA

カフェラミル ● 歴史：1985年〜　**運営会社**：株式会社レドゥ　**一号店**：浜松町店　**MENU**：ラミルブレンド、オ・レ・グラッセ、ハーフ&ハーフ（ケーキ）セット

ブレない王道喫茶店らしさに
安心できる

KOHIKAN

珈琲館

STANDARD
定番メニュー

学生のころ、九段下から神保町にかけてを散策するのが好きだった。皇居に近く空が広い九段下の街並みから、神保町のちょっとした活気（でも繁華街のような苦しいほどの活気ではない）にグラデーションで移り変わっていくのが楽しい。

この界隈、個人経営店の充実はもちろんだけれど、喫茶チェーンも豊富にあった。ドトール、スタバ（俎板橋のそばの店舗が好きだった。神保町店は現在は閉店）、珈琲館、シャノアール（現在は閉店）、タリーズ、上島珈琲店（一号店は神保町。その店舗は現在は閉店し、今は別な店舗が神保町にある）、プロント。

珈琲館は、九段下と神保町のグラデーションの中間あたりにあってよく通った。調べてみると、この店舗（専大前店）が珈琲館の一号店とのこと。ちなみに、神保町にはかつてもう一軒珈琲館があったが、そちらは現在は個人経営店として独立されて、ホットケーキのおいしい名店として毎日

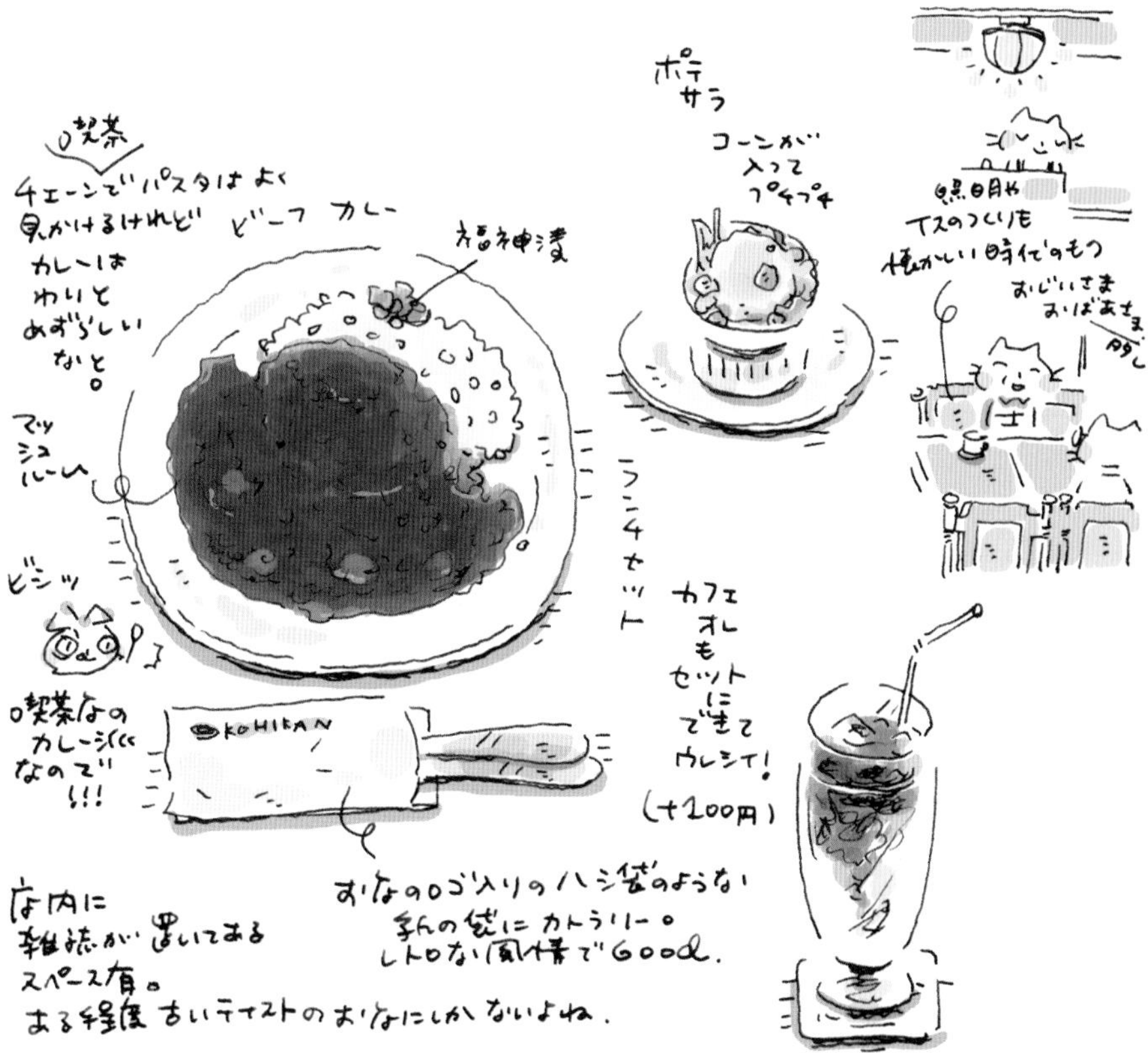

喫茶
チェーンでパスタはよく
見かけるけれど
カレーは
わりと
めずらしい
なと。

ビーフカレー

福神漬

マッシュルーム

ビシッ

ランチセット

KOHIKAN

お店のロゴ入りのハシ袋のような
紙の袋にカトラリー。
レトロな風情でGood.

店内に
雑誌が置いてある
スペース有。
ある程度古いテイストのお店にしかないよね。

ポテサラ

コーンが
入って
プチプチ

照明や
イスのつくりも
懐かしい時代のもの

おじいさま
おばあさま
多し

カフェ
オレ
も
セットに
できて
ウレシイ!
(+200円)

行列ができている。

珈琲館といえば、ホットケーキだ。昨今のブームのずっと以前から、淡々とホットケーキを出してきたことを記憶している。銅板焼きの本格派で、表面のカリカリと中のフワとのコントラストがたまらない。

コロラドやぽえむと同時期の1970年に産声をあげた、最古参コーヒーチェーンのひとつである珈琲館。味のある、喫茶店全盛期のインテリアに囲まれての一服は格別だ。

カウンター席の
向こうに
看板
炭火珈琲
バーン

SHOP DATA

珈琲館 ● **歴史**：1970年～ **運営会社**：珈琲館株式会社
一号店：専大前本店（神保町） **MENU**：炭火珈琲、トラディショナルホットケーキ

昭和の情緒を味わう フルサービスの喫茶チェーン

STANDARD
定番メニュー

CAFE COLORADO
カフェ コロラド

ドトール系列の同店。でも本当は、ドトールよりもコロラドの方が先だって、どのくらいの人が知っているんだろうか。

　コロラドは1972年に一号店が登場。だからコロラドの店舗は、どこも趣きがある、なつかしいムードのお店たちばかり。日本のコーヒーショップで最初期にボランタリーチェーン*方式を導入したことでも知られている。これは「ぽえむ」にもある現象だけれど、お店ごとに内装や雰囲気がちょっとずつ違い、個性が光っていて、巡りがいがあるのも大きな魅力のひとつ。

　唯一の直営店たる三軒茶屋店は、若き店員さんたちがきびきびと働き、内装にはほんのりとドトール感も香る。フルサービス（セルフではなく、店員さんが注文を取りにくるスタイルのこと）のドトールみたいでもあり、こちらも味わい深い。

　推しメニューは「パリジャン」。これは、グラタン的なソースがかかったポテトにバタートースト

照明とか渋いキッサ店の仕様。
井の頭線が見える!!
外の木々、いや内の植栽か…明るいフンイキにしている
駒場東大前店
ところどころ木で、つくりも凝っている

静かに流れるクラシック…
カフェ・ココア
紙ナプキン
コーヒーとココアが混じった飲みもの。
生クリームとチョコソースものっている
内装といい食器といいドトールよりも古いタイプの喫茶店が…モデルなんだな〜と感じる。
紙ナプキンもコロラド仕様
COLORADO

を添えたもの。なぜ「パリ」なのかがちょっぴり謎感ありつつ（レトロ喫茶では、グラタンにパリを思わせるネーミングをするものがときどきある）、軽食として個性的でもあり、ちょっとしたごちそうっぽさにもときめく。アイスの飲みものはグラスが優雅で、〝渋め空間でかわいらしいものをいただく〟という、レトロ喫茶的情緒を堪能できます。

＊ボランタリーチェーン
小売業者が集合し組織化して仕入れを行う形態のこと。チェーンとしてのおおよその体裁は統一されるが個々の店舗の独立性は高い。

SHOP DATA

カフェ　コロラド ● 歴史：1972年〜　**運営会社**：株式会社ドトールコーヒー　**一号店**：三軒茶屋店　**MENU**：ブレンドコーヒー、チョコバニラワッフル、パリジャン

グラスの形のセクシーさで
ミルクとコーヒーのコントラスト際立つ!

Cafe Corolado

カフェ コロラドの
アイスカプチーノ

適度にぷっくりとしていて
やさしい感じ

Doutor Coffee Shop

ドトールコーヒーショップ

イラストで見よう!
お店によって個性いろいろ

コーヒーカップ & グラス コレクション

運ばれてくるたび
テンションがあがる金属マグ

見た目も手触りも
あたたかみのある有田焼

Ueshima Coffee

上島珈琲店のアイスコーヒー

Komeda Coffee

珈琲所コメダ珈琲店

ガラスのカップは生活用品ブランド
「KINTO」とのコラボ

Blue Bottle Coffee

ブルーボトルコーヒー

四角いフォルムだけど
角は丸くて飲みやすい

ポットのマークや店名ロゴが
レトロかわいい

Segafredo Zanetti Espresso

セガフレード・ザネッティ・
エスプレッソ

Hoshino Coffee

星乃珈琲店

店内の雰囲気にすっと溶け込む
クラシックな器

Coffee House Poem

コーヒーハウスぽえむ

たっぷり容量なのもうれしいのだ

白い店名ロゴがカフェオレの中に
浮かび上がる

Café La Mille
カフェラミルの
ヴィエノワグラッセ

Inoda Coffee
イノダコーヒのカフェオーレ

で、出たー！

Ginza Renoir
喫茶室ルノアールのお茶

わたしは
ノートPCを
持っていない
ので
Wi-Fiが
ないと…!! と
いう気持ちが
あんまりわから
ないのだった
Wi-Fiのないなにて
みんな Wi-Fi
ほしそうな カオ
してますよ!!!
担当
Kさん
そうなんです?
とりあえず「Wi-Fiほしそうなカオ」は
いい表現なので使っていきたい

COLUMN 3

Wi-Fi 入ってますか?

CHAPTER 4

大人の社交場
打ち合わせ
空間的
喫茶チェーン

絨毯とのんびり席配置でくつろげる駅前のなつかしサロン

STANDARD
定番メニュー

GINZA RENOIR
喫茶室ルノアール

かつて高田馬場にはルノアールが6軒もありました。知人のおじさまが言い放った「だからさ、ルノアールは『銀座』って書いてあるけど本当は高田馬場発なんだよ」という都市伝説を、わたしも10年くらい信じてしまって、けっこう何人にも話してしまったものです……。実際は、一号店は日本橋で、本社は中野。

というわけで高田馬場に通う学生だったわたしは、ビジネスマンやシニアのみなさんのサロンであったルノアールに、早々にデビューすることになりました。内装や間取りは各店ちょっとずつ違ったので、気分で通うルノアールを変えるほど。当時は「ノマド」なんて概念はなく（飲食店で勉強する学生はいたけれど、ファミレスやファストフードに生息していた印象）、ビジネスマンの憩いの場純度が今より高めだったのです。店員さんの制服も、もっとクラシカルな香りただようものだったような。ビロードのようなじゅうたんが渋

Aモーニング のみものに+60円!!
コンソメスープ
しお
コーヒーフロート
ゆでタマゴ
バタートースト
朝はコーヒー!!
12じまで
やってるモーニングなのだ!
よゆう

MORNING
モーニング

くて、それらすべてが、ほっとできました。

ルノアールの公式サイトをのぞくと、近年は、「大正ロマン」な内装のお店だけでなく、新しく「昭和モダン」なお店を展開し、バリエーション感を出しているようす。そもそも従来の内装が大正ロマン風とはここでようやく知りました……ちまたの「昭和」の喫茶店よりもより古いイメージというのがトガっている！　レトロはレトロでも、このふたつを区別できる人がどれくらいいるのかは分かりませんが、ユニークな目の付けどころで好感度大。さらにごく最近では「リブランディング」店という、明るくカジュアルなスタイルの店舗も登場。ちなみに、どのスタイルのお店でも、ルノアール名物「お茶」が出てきます。

ルノアールといえば!!!
昆布茶
大正ロマンな名前のみ
これでフードは何と合わせれば……と迷ったけども ハニートースト にしました。
おかきが付いてきた

MEMO　時代に合わせて誕生　ルノアールファミリー

1957　1955年創業の煎餅店「花見煎餅」が四谷に喫茶店を開業

1964　**ルノアール**　喫茶部門が会社として独立。日本橋に一号店を開店

1999　**ニューヨーカーズ・カフェ**　シアトル系ブーム

2003　**カフェ・ミヤマ**　明るくモダンな雰囲気の業態

2012　**ミヤマ珈琲**　郊外型の大箱レトロ喫茶
ブレンズコーヒーを運営するビーアンドエムを子会社化

2013　**キーコーヒーと資本・業務提携**

2015　**瑠乃亜珈琲**　スペシャルティコーヒー店

2016　既存店を「大正ロマン」から「昭和モダン」に
デザイン転換する試みを開始

2018　都会的で洗練された「リブランディング」店舗を開店

新たに導入された「昭和モダン」店

多くの店ポは「大正ロマン」なとのこと
ルノアールの「昭和モダン」な
レトロな照明
大理石っぽい柱
このお店(新宿3丁目)は以前は休むビジネスマンの人がメインだったけど今は女性も多いのね
メニューに悩む学生さん
ビロードっぽいイス
とりあえずでいいから持ってきて!!
ちょっとコワモテなおふたり
ジュータン
ルノアールだなあ!!! …と思うポイント
レトロな風情だけど喫煙室は自動ドアの向こう

チェーン店「擬人化」計画！

ルノアールさんの魅力は、単にレトロ喫茶店らしさともちょっと違うし、といって「ザ・企業」な計算されている感じ……とも違う。こんなに大きなスケールのチェーンなのに感じる、いい意味の「アク」。今でこそチェーン店で一般的になりつつあるWi-Fiを、いち早く取り入れたルノアールさん。それはたぶん、「おもてなし」精神の一環だったのではと想像します。飲みものメニューの幅広さも、いろいろな味覚の人に対応しようという過剰かつ独特なセンスのサービス精神を感じる（名古屋喫茶のような……）。そして、滞在していると運ばれてくる「お茶」。人に例えるなら、一見渋めのロマンスグレー……だけど、じつはデジタルにも強く、ときどきおもしろいことをニヤッとして放っていくキャラ。個人店でもそんな感じのマスターに出逢うことがあるので、そのお姿が浮かびます。

渋めのお茶目マスターさんのような…
ホッコリ…
マイペース…
（そういうおなのイメージ）
※ルノアールにこういうカウンターはありません

「リブランディング」した「ニュースタイル」ルノアール

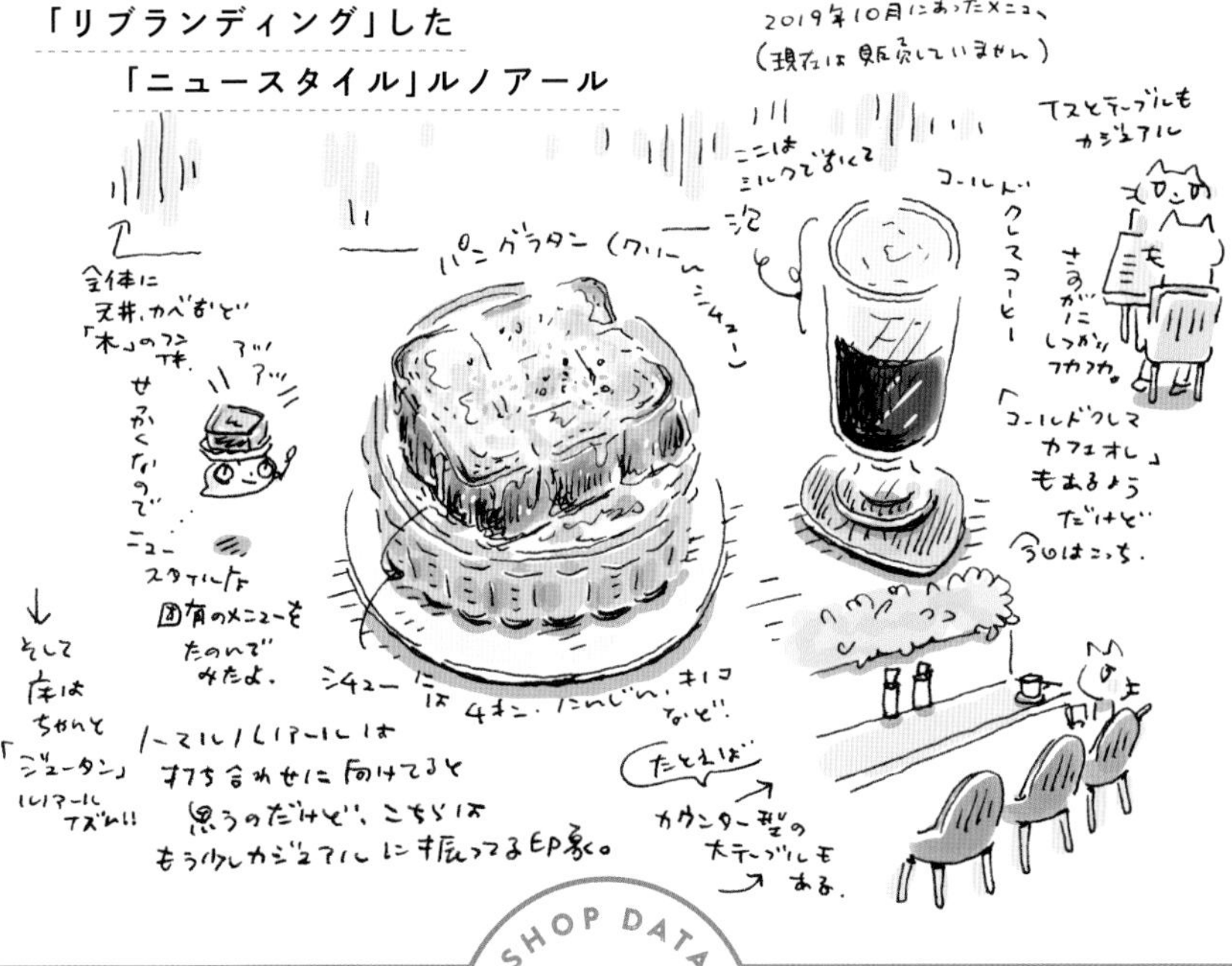
2019年10月にあったメニュー（現在は販売していません）
イスとテーブルもカジュアル
ここはミルクでなくて泡
コールドクレマコーヒー
パングラタン（クリームシチュー）
全体に天井、かべなど「木」のテイスト
さすがにしっかりフカフカ。
「コールドクレマカフェオレ」もあるようだけど今回はこっち。
せっかくなのでニュースタイルな固有のメニューをたのんでみたよ。
そして床はちゃんと「ジュータン」ルノアールイズム!!
シチューにはチキン・にんじん、きのこなど!!
ノーマルルノアールは打ち合わせに向けてると思うのだけど、こちらはもう少しカジュアルに振ってる印象。
たとえば
カウンター型の大テーブルもある。

SHOP DATA

喫茶室ルノアール ● **歴史**：1964年〜　**運営会社**：株式会社銀座ルノアール　**一号店**：日本橋店　**MENU**：ルノアールビターブレンド、黒蜜カフェ・オーレ、モーニング・サービス

クラシックホテルのロビーのようなおもてなし空間

TSUBAKIYA COFFEE
椿屋珈琲店

「談話室滝沢」を知っていますか？　店内には池があって錦鯉がいて、その池に注ぎ込む川には橋がかかっていたりして、店全体が応接室のようでレトロな制服の店員さんがいる、昭和感をビンビンにたたえた喫茶店でした。わたしは何度か行ったことがあって、新宿の「らんぶる」とルノアールを足して何かを濃厚にしたようなお店だな……と思ったことを覚えています。新宿や池袋など都内に数店舗ありました。お店の場所でピンとくる方もいらっしゃるかもしれませんが、その跡地に椿屋珈琲店が出店しています。わたしは、その流れではじめて、このお店に足を踏み入れたのでした。

　調べると、滝沢を運営していた会社が椿屋を運営しているわけではないようで、でもおそらく、滝沢に通っていたお客さんに来てほしいという意図なのだろうな……と推測。

　現在、大いに謎と感じているのは、店員さんがいつのまにか「メイドさん」ぽくなっていたこと。こ

特製アイスカフェオレ
氷がコーヒーなのだ!
コーヒーなのシフォンケーキはなるべく食べたい
紅茶シフォン
紅茶の味がすごい!!
目の前で注いでくださるヨ。
トクベツ感あってうれしいぜ

れ、わたしの頭の中で時代とともに「メイドさんのイデア」が形成されたからの認識の変化なのか、途中からメイドさんに寄せていったのかが本当に謎で。実際、今はスカートの裾をつまんで挨拶する店員さんもいたりする。できたばかりの椿屋に行ったときは、滝沢を踏襲してのレトロなんだなぁ、と思った記憶があるけれど、当時わたしは「メイドさん」を知らず、草創期からはたしてその立ち振る舞いまでがメイドさん調だったかどうかを、もはやおぼえてなくて……。

仕切られた空間は打ち合わせや没入したい作業に向き、カレーやケーキは高級ホテルのような風情。席で注いでくれるコーヒーやカフェオレなど、ならではのおもてなし体験が多いお店です。

パリリッ
冷たいコーンスープ
これもホテル的な味
サラダ
アイスティー
ビーフカレー セット
ニンジン
ごはん
少なめにして
いただきました
ブロッコリー
ほどよい辛さで
ホテルのビーフカレーのような
味。
ホスピタリティ
に
大満足…
椿屋では カレーばかり
食べている気がする…
あと打合せとか…
けっこう
シニアの方も
多くいらっしゃって
(しかも昔ながらの
キッサなに
いらっしゃる
タイプの)
この懐かしい
フンイキが
受けているん
だなァ…と
思ったよ.

在りし日の
「談話室滝沢」
学生のわたし
わ…わたしみたいな
小娘が来て
よいのだろう
か…
ザ・商談
だらけ…
池
魚
INTERIOR
内観
パチ
パチ

SHOP DATA

椿屋珈琲店 ● **歴史**：1996年〜　**運営会社**：東和フードサービス株式会社　**一号店**：銀座七丁目店　**MENU**：椿屋オリジナルブレンド、特製ビーフカレー、プレミアム紅茶シフォン

喫茶チェーンのある種の完成形をみた

HOSHINO COFFEE
星乃珈琲店

シロップ
スフレパンケーキ
ダブル
金属のてが よい ね.
コックさん的
装いのお兄さんが運んできて
ワクワク
ホットケーキはお腹いっぱいに
なるので枚数を選べるときは1枚にと
決めているのに…欲が出てしまった？

はじめて足を踏み入れたとき、その「完璧さ」にふるえた記憶がある。空間や食器にはレトロ喫茶店のいいところを散りばめてあり、それでいて、個人空間を求める今どきの人にフィットした、パーティションで仕切られた座席や、喫茶チェーンとしては異質な、呼び出しボタン（同系列の「オスロコーヒー」にもあり）などの合理性。喫茶店の花形メニューであるホットケーキ（メニュー名は「スフレパンケーキ」）をメインに添えた盤石なスタイル。カレーやパスタなどの食事メニューも幅広く備え、家族でも通えちゃう。

個人的に、喫茶店はところどころに隙、というか「余白」があることが、街のオアシス足りえている理由、という考えなのだけれど、喫茶店の進化やバリエーション感も大好物な筆者としては、これはこれで、ひとつの完成形であり、興味深いと感じている。

推しメニューとしては「窯焼きスフレ」を挙げた

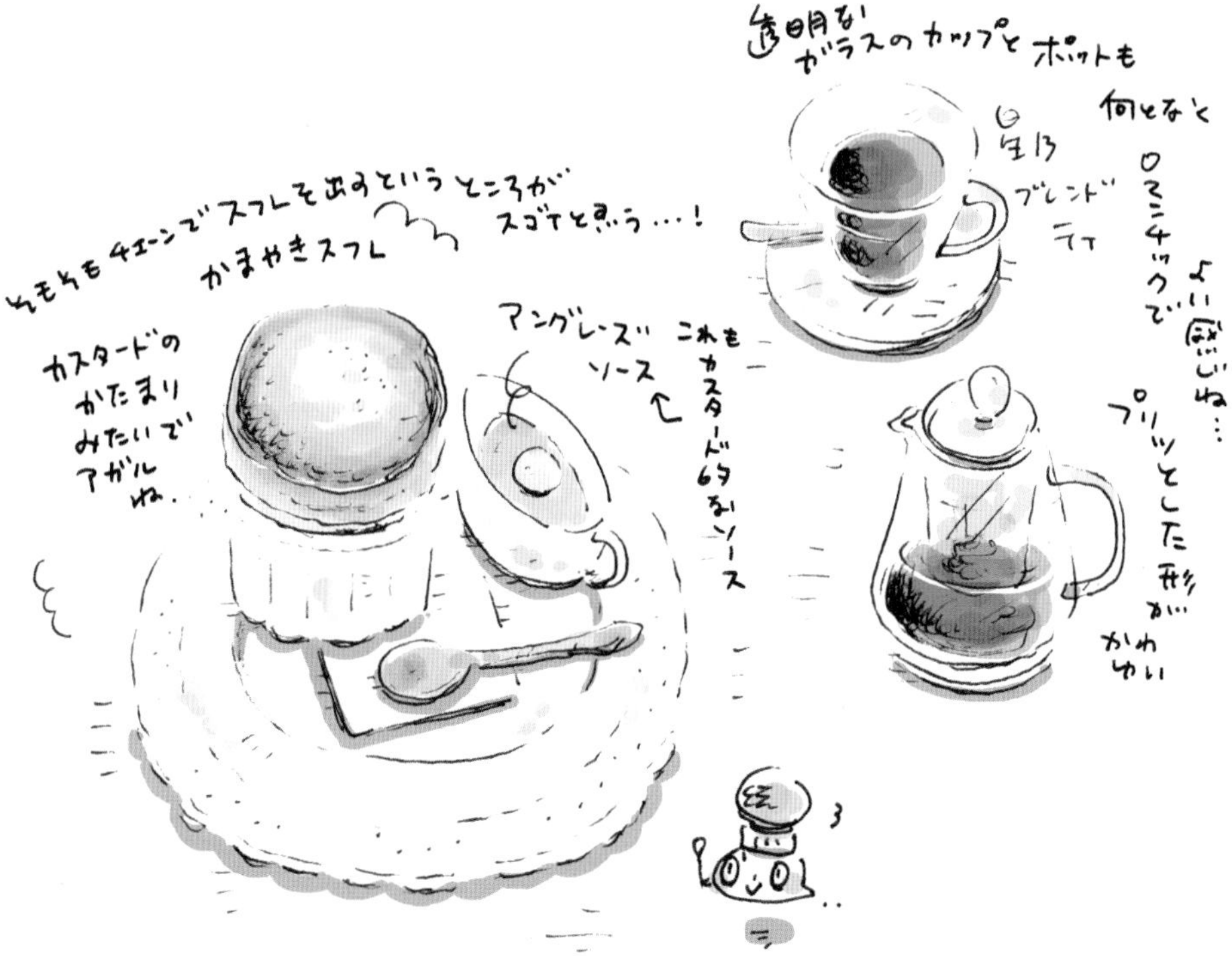

透明なガラスのカップとポットも何となくロマンチックでよい感じね…

星乃ブレンドティー

プリッとした形がかわゆい

そもそもチェーンでスフレを出すというところがスゴイと思う…!

かまやきスフレ

カスタードのかたまりみたいでアガルね。

アングレーズソース

これもカスタード的なソース

い。そもそもスフレは、ぼやぼやしていると食べごろを逃してしまうような、そんな繊細ではかないデザートなのです。これをメインのひとつに添えていることは、明らかに攻めすぎで、完璧な星乃珈琲店さんの中にある唐突な「人間味」を感じさせていて、推せる。カスタードのかたまりのようなふわふわに、深煎りのドリップコーヒーがなんともあうのだ!

　フリーランスで働く立場としては、広めのパーソナルスペースが、どっぷりと作業に集中するのにものすごい力を発揮することも、重宝しています。

仕切りに囲まれてザ・個人空間!!!
…という感じ。
それでいてクラシカルな雰囲気も演出されていてよくできてるな〜と思う…。

SHOP DATA

星乃珈琲店 ● **歴史**：2011年〜　**運営会社**：日本レストランシステム株式会社　**一号店**：蕨店（埼玉）　**MENU**：窯焼きスフレパンケーキ、窯焼きスフレ、星乃ブレンド

それはまさに「全部載せ」のサービス精神

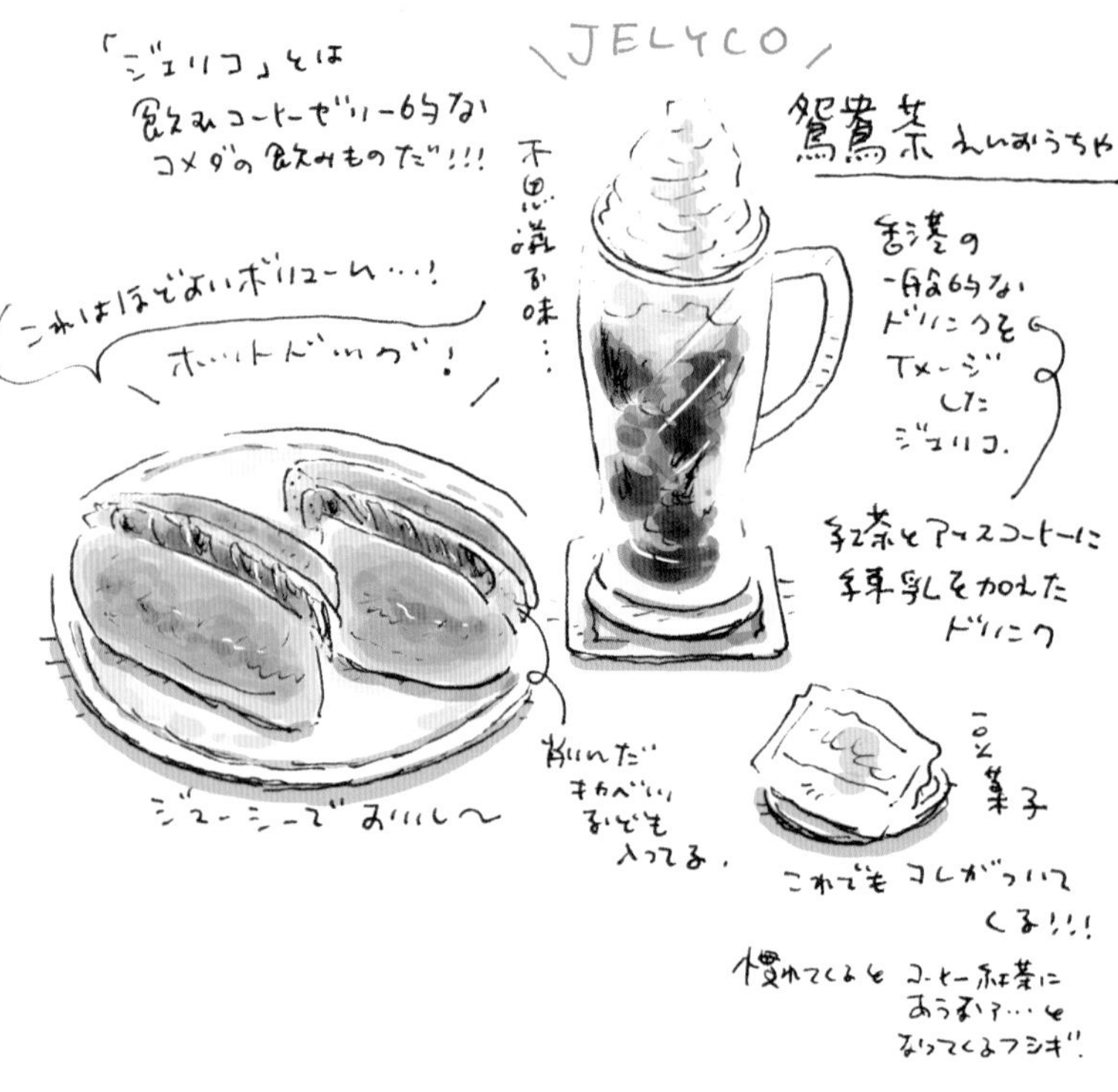

「ジェリコ」とは
飲むコーヒーゼリー的な
コメダの飲みものだ!!!
JELYCO
鴛鴦茶 えんおうちゃ
不思議な味…
香港の
一般的な
ドリンクを
イメージ
した
ジェリコ。
これはほどよいボリューム…!
ホットドッグ!
紅茶とアイスコーヒーに
練乳を加えた
ドリンク
ジューシーでおいし〜
刻んだ
キャベツ
なども
入ってる。
豆菓子
これでも コレがついて
くる!!!
慣れてくると コーヒー紅茶に
あうなァ…と
なってくるフシギ。

KOMEDA COFFEE
珈琲所コメダ珈琲店

このお店の存在は、関東上陸以前の2000年代前半、ネット掲示板の「スレ」で知っていました。「シロノワール」というデザートがあるということもまた、パソコンに表示された文字だけで知っており、その他伝え聞くお店の要素も、普段なじんでいるチェーン店よりも、個性が際立つ印象。憧れがつのりました。

2003年、そんなコメダ珈琲店が満を持して関東に初出店（横浜江田店）し、さっそく入店。甘くミルキーなコーヒーは当時ちょっと珍しかったし（上島珈琲店の登場も2003年）、カツなど塩気のあるフードも魅力だし、やっぱりシロノワールも頼んでみたい！　とわくわく注文。だけど、小食だったのもあり、めちゃくちゃに「敗北」しました……。さらには、味が付いた「豆」までついてくる。いったいどのタイミングで食べれば……。

名古屋の食べものは「全部載せ」感がすごいこと、何ごとも贅沢さが信条であること、家族で行

ミニシロノワール
ソフトクリーム
さくらんぼ
デニッシュ
ミニでも十分たっぷり!!
ボリュームにおそれをなしてミニに…
ブレンドコーヒー
Komeda Coffee
アイス・ド・ティーフロート
← わりと「どうやって食べるんだ」系。
先にスプーンでソフトクリームの層をへらすが吉。
ソフトクリームもりもりすぎてストローにクリームがつまる…
ちう…
これもなぜこの形にしたし…

く憩いの場が喫茶店であること……などの名古屋リテラシーを、今でこそ知っているものの、当時はなんにも知らず無邪気に足を踏み入れたものだから「異文化!!!」の圧はそれはそれは強烈なものでした。

じつはこのボリューム問題、みんなも同じ感想だったということは、近年SNSで話題になり知ることになります。そうだよね……! 現在のわたしはむしろ、メニュー写真から比べて、どのくらい大きくなって出てくるのかを事前に予測したり（価格がポイントだと思う）、エンタメとして楽しめるようになりました。何を頼んでもばつぐんにおいしいところもすばらしく、お腹をすかせて、やはり家族ぐらいの人数でワイワイ通うことができると、名古屋喫茶的にも万全ではないかと思います。

とにかく何もかもがでかい!
これって多すぎませんか?
聞いてからでないと危険なので、聞く。
大丈夫です〜
コメダでは、
適量とわかっていて頼むのは
「逃げ」のような気がしてしまうのだったが…
(なぜかポスターとか)
メニュー表よりも実物がボリュームダウンしているというのはわりとよく
そっか〜
ファストフードとかで
ありますが…
すずしい顔
ドゥバ〜ン
コメダはそのパターンの逆である。
わ
それに豆もつく
アレ??
メニュー表をみると
縮尺の感覚がちがうかんじになるんよ…
ソフトクリーム
クリームコーヒー
ドーン!!
よくあるバーガーより1.5倍くらいあるかんじ…でした!
ドドーン
20cmくらい
コメダでは軽い気もちでたのむとえらいことになりがち…
量的に
豆菓子
コロッケバンズ
コロッケ
キャベツ
紙ナプキンに包まれたスプーン
コロッケがとにかくジューシーでおいしかったデス!
ソースの味も…
こちらもおねだん的にもまたポジション的にも
12cmくらい
ひとり用と思ったんだ…

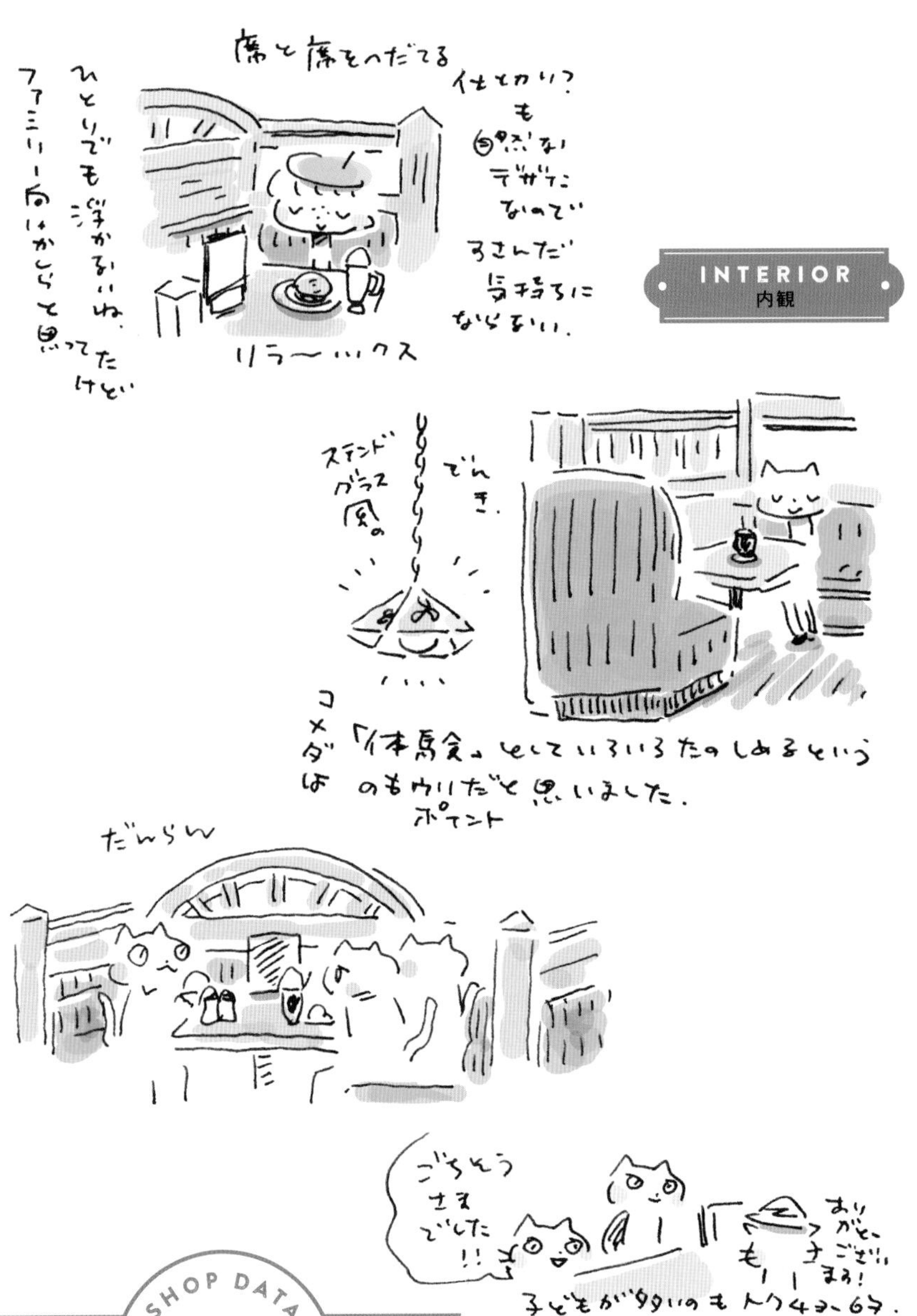
INTERIOR
内観
ひとりでも浮かないね。
ファミリー向けかしらと思ってたけど
席と席をへだてる
仕切り？も
自然なデザインなので
ふさいだ気持ちにならない。
リラ〜ックス
ステンドグラス風の
でんき。
コメダは
「体感」としていろいろたのしめるというのもウリだと思いました。
ポイント
だんらん
ごちそうさまでした!!
ありがとうございます！
子どもが多いのもトクチョウ。

SHOP DATA

珈琲所コメダ珈琲店 ● **歴史**：1968年〜 **運営会社**：株式会社コメダ **一号店**：菊井店（名古屋市 現在は閉店）
MENU／小倉トースト、みそカツパン、シロノワール

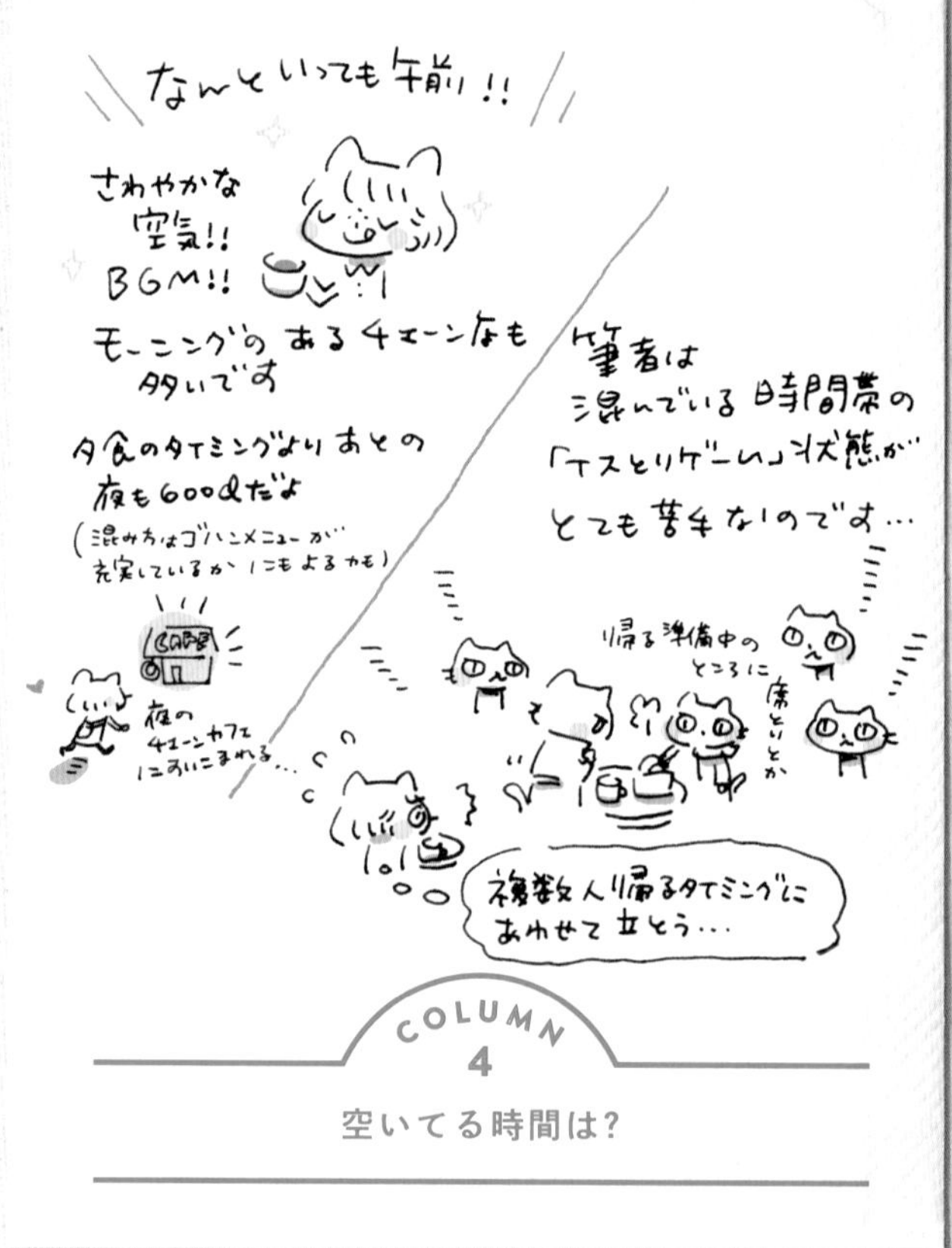
なんといっても午前!!
さわやかな空気!!
BGM!!
モーニングのあるチェーン店も多いです
夕食のタイミングよりあとの夜もGoodだよ
(混み方はゴハンメニューが充実しているか にもよるかも)
夜のチェーンカフェ
筆者は混んでいる時間帯の「イスとりゲーム」状態がとても苦手なのです…
帰る準備中のところに席とりとか
複数人帰るタイミングにあわせて立とう…

COLUMN 4

空いてる時間は?

CHAPTER 5

地方から首都圏へ

東京へやってきたローカル喫茶チェーン

札幌からやってきた硬派な「珈琲屋」チェーン

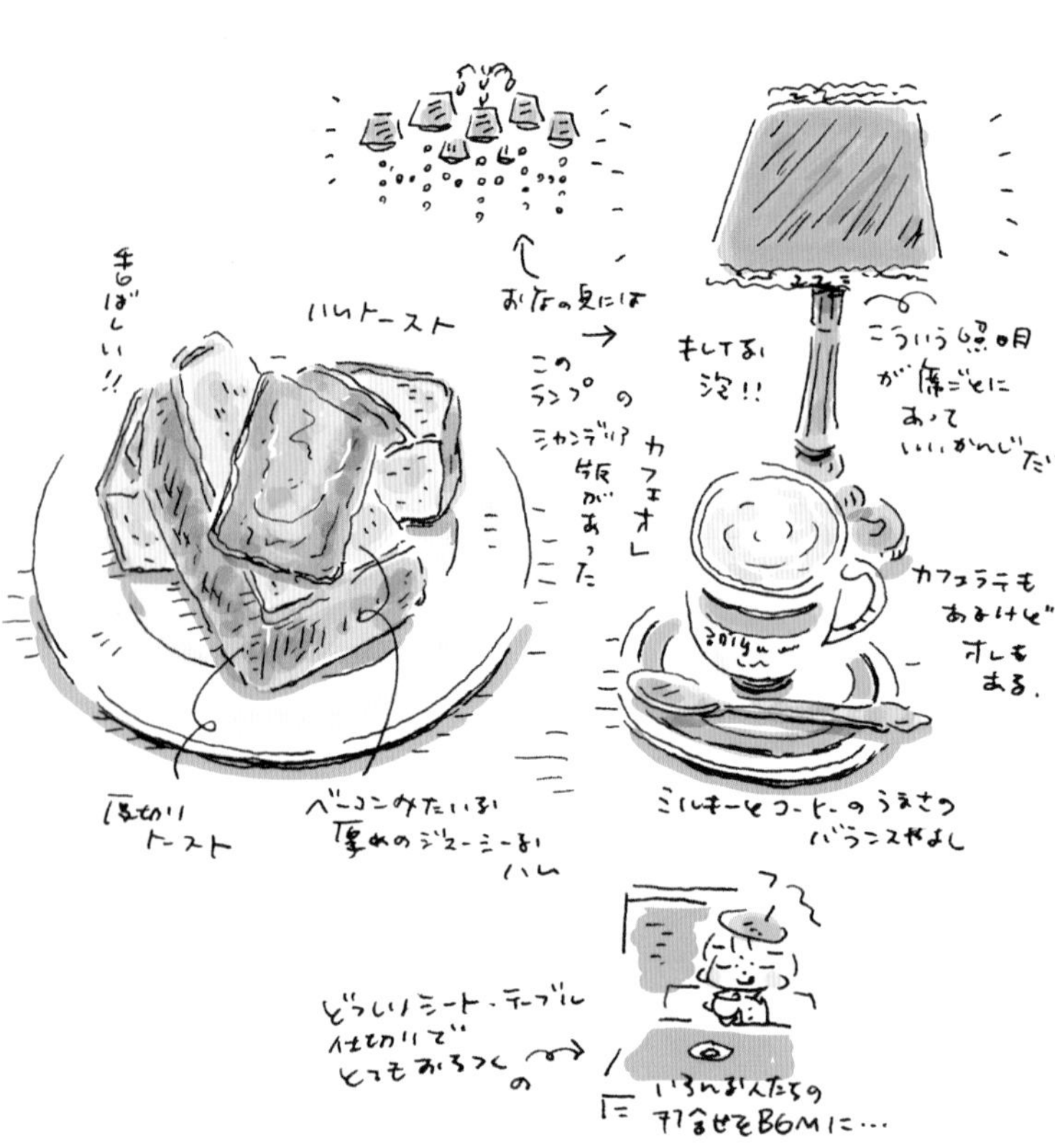

香ばしい!!
ハムトースト
このランプのシャンデリア版があった
カフェオレ
こういう照明が席ごとにあっていいかんじだ
カフェラテもあるけどオレもある.
厚切りトースト
ベーコンみたいな厚めのジューシーなハム
ミルキーとコーヒーのうまさのバランスがよし
どっしりシート・テーブル仕切りでとてもおちつくの
いろんなおんなたちの打合せをBGMに…

MIYAKOSHIYA COFFEE
宮越屋珈琲

はじめてこのお店を体験したとき「特急みたい」と思ったことを覚えています。向かい合わせのＢＯＸ席みたいだな、と。たとえば星乃珈琲店やコメダなど、このようにしっかりと仕切られた仕様の喫茶チェーンは今でこそ増えましたが、その中でも、宮越屋のこの座席がいちばん、わたしは落ち着く。座席全体が木でできているのも雰囲気をやわらかくしているし、シートの背の部分の高さを活用していて、あからさまな「仕切られている」感がない。

さらに、なんと言っても店内の「暗さ」。これが喫茶チェーン店としても随一と言えるほどの暗さなんです。チェーン店の多くはやはり、広く一般に向けているせいか、だいたい明るすぎるくらいなのですが、宮越屋さんはそこのところ、やたらストイックに攻め込んでいて、本格珈琲店らしさ爆発。とても好感が持てる。

喫茶店でくつろぎや落ち着きを感じられるの

鏡
BGMはクラシックかジャズ
教会みたいなつくり
こっちは外が見える
半個室（というほどでもないか）のような特急のBOX席のような区切られかたでおちつく
背もたれフカフカ
黒いドレスをきたおしゃれな女性ふたりが黙々とノーパソをたたく
子どもの勉強について相談するふたり
宮越屋珈琲恵比寿店 ガーデンプレイスのつくりを活かしてる

INTERIOR
内観

は、店内と店外の「明るさのコントラスト」があるからだと考えています。この効果によって、心がしっとり落ち着いて、五感がくっきりと冴えてくる。そして、ちゃんと席の真上に照明があるので、読書や手元のものを見るのには支障がないという絶妙さ。

メニューもチェーンとしては硬派で、コーヒーを主体としつつ、ミルクや砂糖でこってりとさせた系のドリンクは少なく、フードもトースト系。ケーキのメニューもオーソドックスなもの、という構成で、ブレないオーセンティック珈琲店らしさがたまりません。

などといろいろ並べたものの、推してしまうもっとも大きな理由は、このお店が、筆者が子どものころを過ごした札幌発だからなのでした。ローカル愛って強い。

しっとり…

硬派なメニュー構成も魅力

新橋店
ブラウニー
クリームたっぷり。
2階なので眺めよし。
苦め。こうでなくては。
ビシッとカウンター席・テーブル席と
うつくしい照明
しっとり音楽…と
いいコーヒーなの要素を
備えた喫茶なのだ
東京のまんなかだな〜という眺め。
伝票の裏にお店の一覧があり、
「サンピアザ店」があった。
子どものころよく行ってた
サンピアザに宮越屋があるのか〜
うれしい。
子どものころ札幌に住んでたけど
そのころ宮越屋さんはチェーンでなかったので…
伝票の裏。21軒中14軒が北海道のお店。(2019年秋)
チーズトースト
苦めでオイシイ
つめたいカフェオーレ
「アイス」と言わず「つめたい」なのが何かいい。
黒コショウがアクセント！
安定！
チーズと黒コショウで
大人っぽい、オツマミのようなおいしさなのだ。

チラ見せ

MEMO 全国のローカル喫茶チェーン

地域	地域詳細	店名
北海道	函館を中心に東京にも	**函館美鈴**
東北	秋田を中心に	**ナガハマコーヒー**
	宮城を中心に	**アンカーコーヒー／マザーポートコーヒー**
北関東～北陸	茨城を中心に長野、群馬、富山にも	**珈琲哲學**
北陸	福井、石川	**ユトリ珈琲**
	福井を中心に石川、岐阜、関西にも	**ビリオン珈琲**
	新潟	**珈琲倶楽部**
東海	愛知を中心に静岡、関内、岡山にも	**珈琲屋らんぷ**
	愛知を中心に広島、東京にも	**支留比亜**
	名古屋	**コンパル**
	愛知を中心に静岡にも展開	**ワルツ**
近畿	大阪を中心に	**珈琲専門店 MUC**
	大阪を中心に	**ホリーズカフェ**
	京都を中心に	**からふね屋**
	大阪を中心に名古屋、九州、東京にも	**丸福珈琲店**
	大阪、兵庫	**ヒロコーヒー**
中国	鳥取	**すなば珈琲**
	島根	**服部珈琲工房**

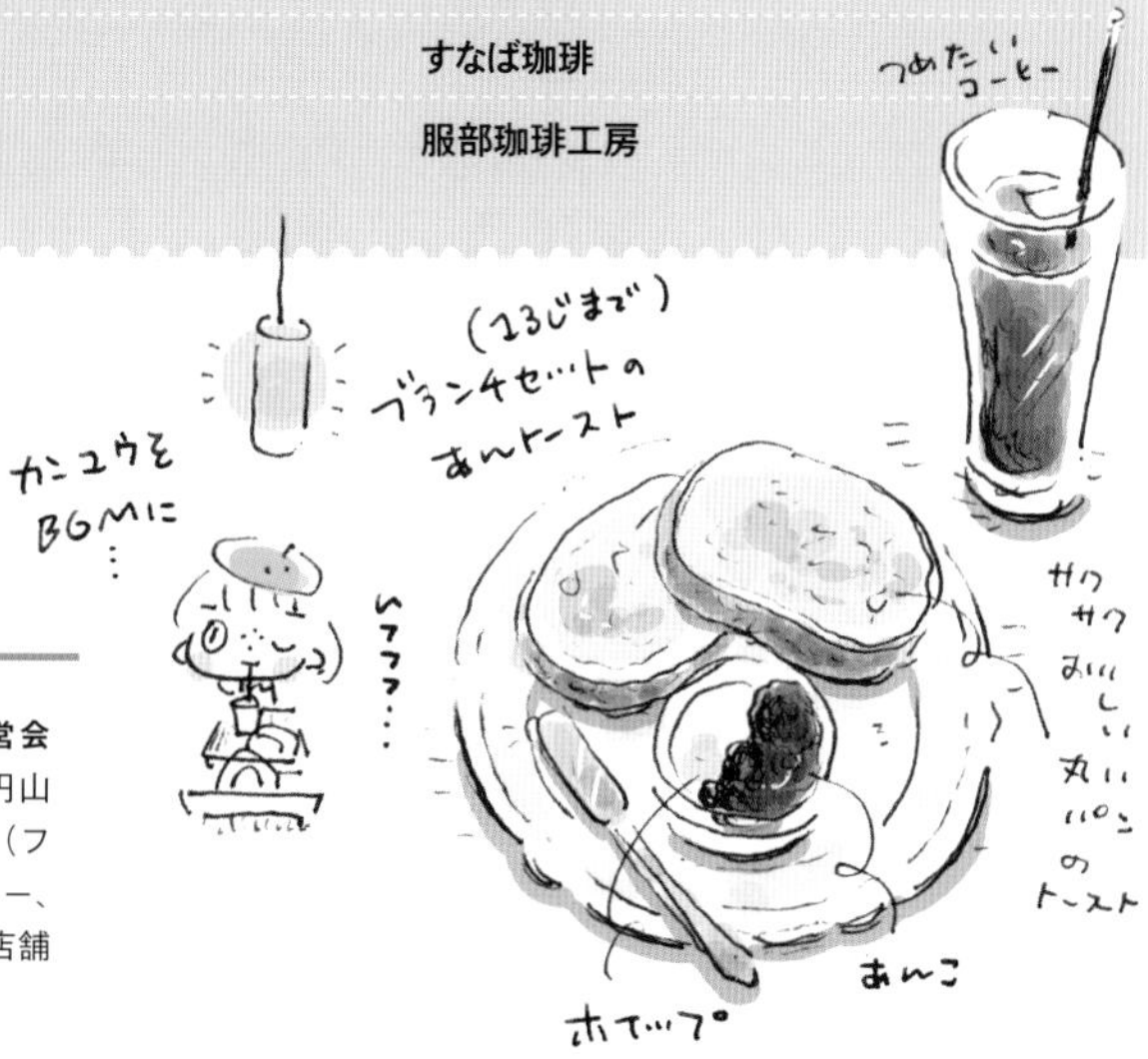

つめたいコーヒー
(12じまで)
ブランチセットのあんトースト
カンユウをBGMに…
ムフフフ…
サクサクおいしい丸いパンのトースト
あんこ
ホイップ

SHOP DATA

宮越屋珈琲 ● **歴史**：1985年～ **運営会社**：有限会社 宮越商事 **一号店**：円山坂下本店（札幌） **MENU**：ブレンド（フレンチ／マイルド）、つめたいコーヒー、チーズトースト ※メニュー内容は店舗により異なる

駅ナカスタンドでの出会いから本店巡礼へ

SAZA COFFEE
サザコーヒー

こちらのお店の味を知ったのは、旅行に行くときのお供のコーヒーを求めて、品川駅のエキュート内をブラブラしていたとき。旅立つ朝はコーヒーがどうしても飲みたくて、でも、朝イチから買えるおいしいお店って、そんなにないんです。品川駅にはもちろん、スタバやセガフレード（現在は閉店）など、おいしいコーヒーチェーンもあったのだけれど、駅弁と同時に確保する、ということがなかなか困難だったのだ。

そんな中、何気なしに買ったものの、ハマってしまったサザコーヒーの「徳川将軍アイスカフェラテ」。ミルキーさに負けない、目が覚めるくらいの苦味と酸味。お気に入りは、同じく品川駅ナカで販売されている「八天堂」のクリームパンと一緒に食べること。至高の組み合わせ！ 以来、品川駅から旅に出かけるときには欠かせないものになりました。新幹線はモチロン、在来線や京急線でのお出かけにも。

テラス席はみどりがごちそう…！
と日差し
ウッドデッキ
こちら側りは店内

コレを飲まないと旅がはじまらないぜっっ

もともと、品川のecuteでテイクアウトして新幹線内のおたのしみとする…ことでおなじみのコーヒーだったのです
やはりラテが好き。

そうしているうちに、やはり憧れがつのってきてしまい、本場のサザコーヒーを味わうための茨城ツアーをキメることに。本店は、繁華街でもない郊外の何気のない場所にあり、これまたリアルな「本店」感に大興奮。緑が気持ちいいテラス席にて、優雅なコーヒータイムを過ごせました。ちなみにこのとき、水戸の「トロワシャンブル」に行くこともできました。本店への巡礼旅行、すごくいい動機と思ったので、今後もやっていきたいな。

SHOP DATA

サザコーヒー ● **歴史**：1989年～ **運営会社**：株式会社サザコーヒー **一号店**：勝田駅店（茨城） **MENU**：本日のコーヒー、徳川将軍カフェラテ ※メニュー内容は店舗により異なる

尾山台ブレンド
ケーク シトロン
小ぶりのレモンケーキ。

都心にありながらの「森の隠れ家」感がすてき

MARUYAMA COFFEE
丸山珈琲

長野方面の旅行が好きで、軽井沢には何度も行っている。その流れで、丸山珈琲の本店にも必然的に足を踏み入れたのだ。

ちょっと曖昧な話で申し訳ないが、わたしは「森の珈琲店」というイメージが好きだ。別荘地のような森の中に、ヘンゼルとグレーテルのお家のように……突如明かりが見え、そこに踏み込むと、隠者のようなおじいさまがコーヒーを淹れている……棚には、ちょっとむずかしげな思想を感じる本が詰まっていて、抑えた照明の店内に、窓からの緑色の光がごちそうのようにさしこむ……みたいな。

小さいころから醸成された、こんなイメージのお店を、旅先ではつい探し求めてしまう。そして、実際に長野にはそういった「森の珈琲店」といった風情の個人店が多かったりするんです。

で、丸山珈琲の本店にも、ばっちりとその面影があった。青々とした木々に囲まれた、暖炉のあ

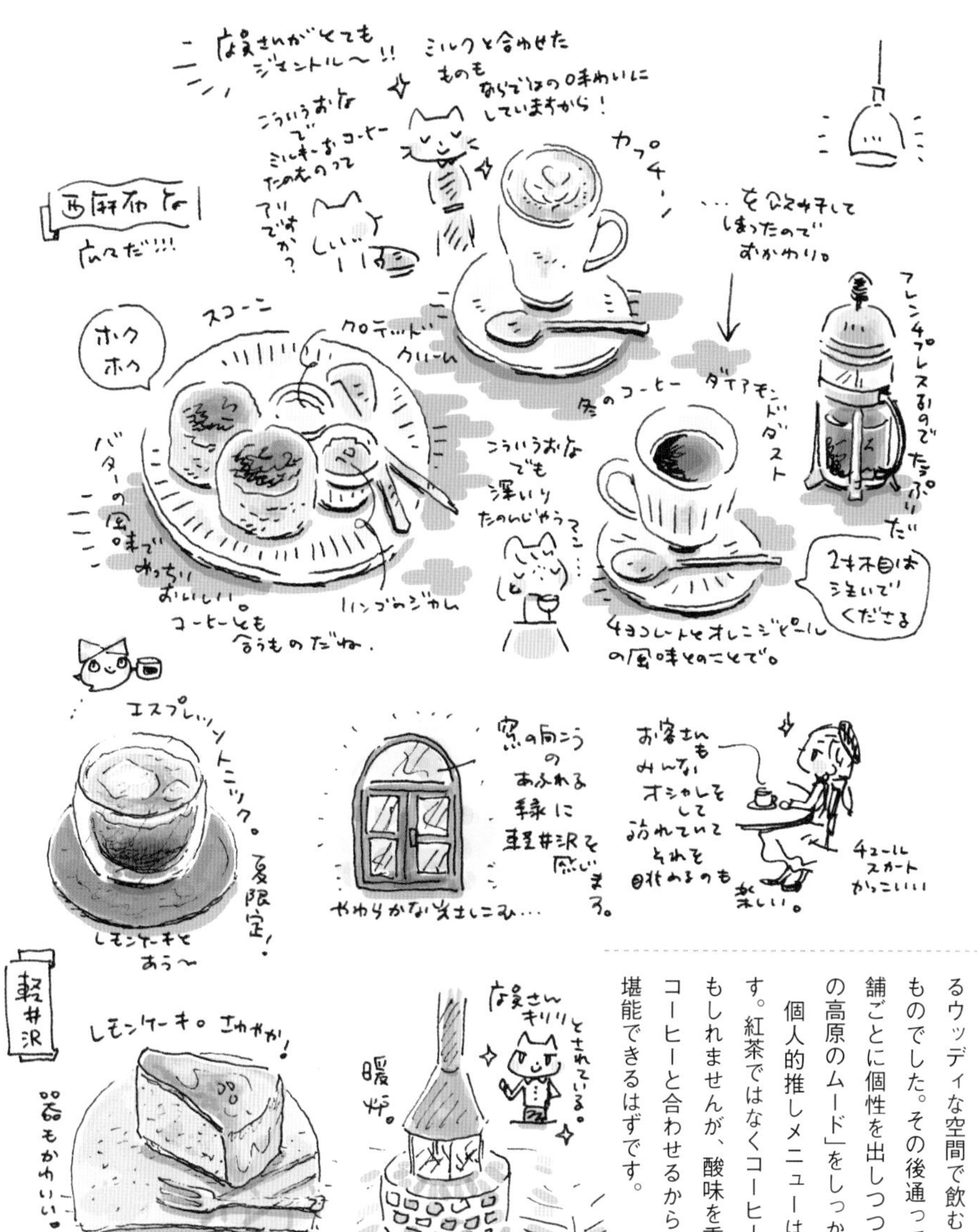
店員さんがとても
ジェントル〜!!
ミルクと合わせたものも
ならではの味わいにしていますから!
カプチーノ
…を飲み干してしまったのでおかわり。
フレンチプレスなのでたっぷりだ
スコーン
ホクホク
クロテッドクリーム
バターの風味でめっちゃおいしい。
コーヒーとも合うものだね。
リンゴのジャム
冬のコーヒー ダイアモンドダスト
2杯目は注いでくださる
チョコレートとオレンジピールの風味とのことで。
エスプレッソトニック。
夏限定!
レモンケーキとあう〜
窓の向こうのあふれる緑に軽井沢を感じまする。
やわらかな光さしこむ…
お客さんもみんなオシャレをして訪れていてそれを眺めるのも楽しい。
チュールスカートかっこいい
軽井沢
レモンケーキ。さわやか!
器もかわいい。
暖炉。
店員さんキリリとされている。

るウッディな空間で飲むコーヒーは、深く沁みるものでした。その後通ってみた都内の数軒は、店舗ごとに個性を出しつつも、「都心にありながらの高原のムード」をしっかり感じられる。

　個人的推しメニューは西麻布店のスコーンです。紅茶ではなくコーヒーにスコーン？と思うかもしれませんが、酸味を重視したスペシャルティコーヒーと合わせるからこその、マリアージュを堪能できるはずです。

SHOP DATA

丸山珈琲 ● **歴史**：1991年〜　**運営会社**：株式会社丸山珈琲　**一号店**：軽井沢店　**MENU**：フレンチプレスコーヒー各種、エスプレッソドリンク各種　※メニュー内容は店舗により異なる

関東には「百貨店喫茶」として進出

INODA COFFEE
イノダコーヒ

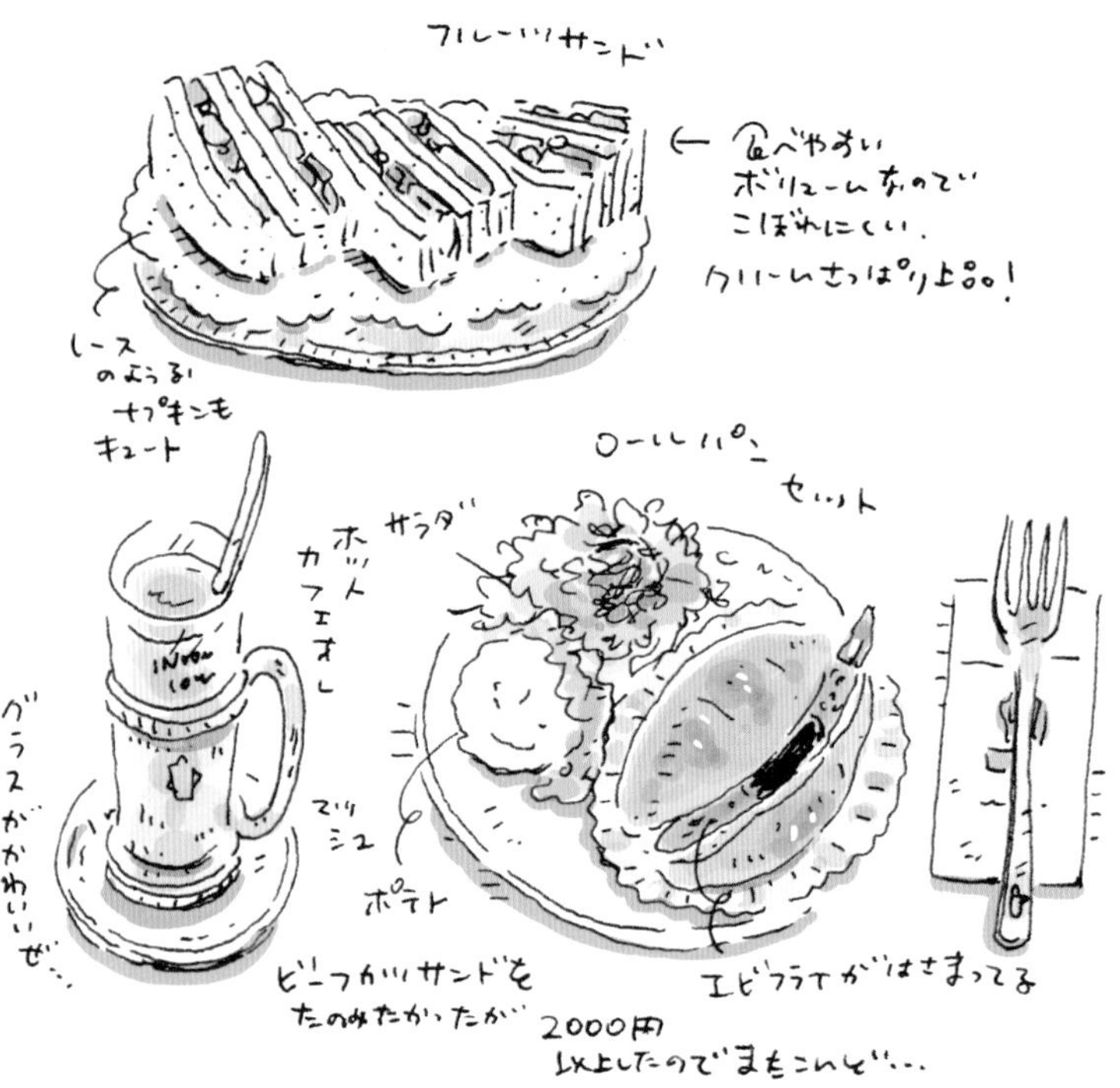

フルーツサンド
←食べやすいボリュームなので
こぼれにくい。
クリームさっぱり上品！
レースのようなナプキンもキュート
ロールパンセット
サラダ
ホットカフェオレ
グラスがかわいいぜ…
ポテト
エビフライがはさまってる
ビーフカツサンドをたのみたかったが
2000円以上したのでまたこんど…

「百貨店喫茶」が好きだ。たとえば休日の昼間の繁華街、入れるお店がなくて困ったとき、百貨店の紳士服フロアなどの喫茶店に飛び込めば、そこは適度な人入りのオアシスである。百貨店らしくレトロで格調高い空間で、手厚いご接客を受けられ、めちゃくちゃに高揚できるのだ。

　近年、その百貨店固有の喫茶店は減っていて、かわりに地方発のお店が、満を持して東京上陸、というテイで入店することが増えている。これはたぶん双方にメリットがあって、百貨店としては、話題性あるお店が入店することによって、お客さんを呼ぶきっかけになるし、お店としては、高級感という付加価値や、やはり確実にお客さんが来てくれる、ということがあるんだろうなと思う。〝野生の百貨店喫茶〟ファンとしては少しだけさみしいこの現象だけれど、イノダコーヒのそれは、とてもしっくりハマっていると思う。百貨店の内装に、古きよき時代の洋館のような、豪華特急の

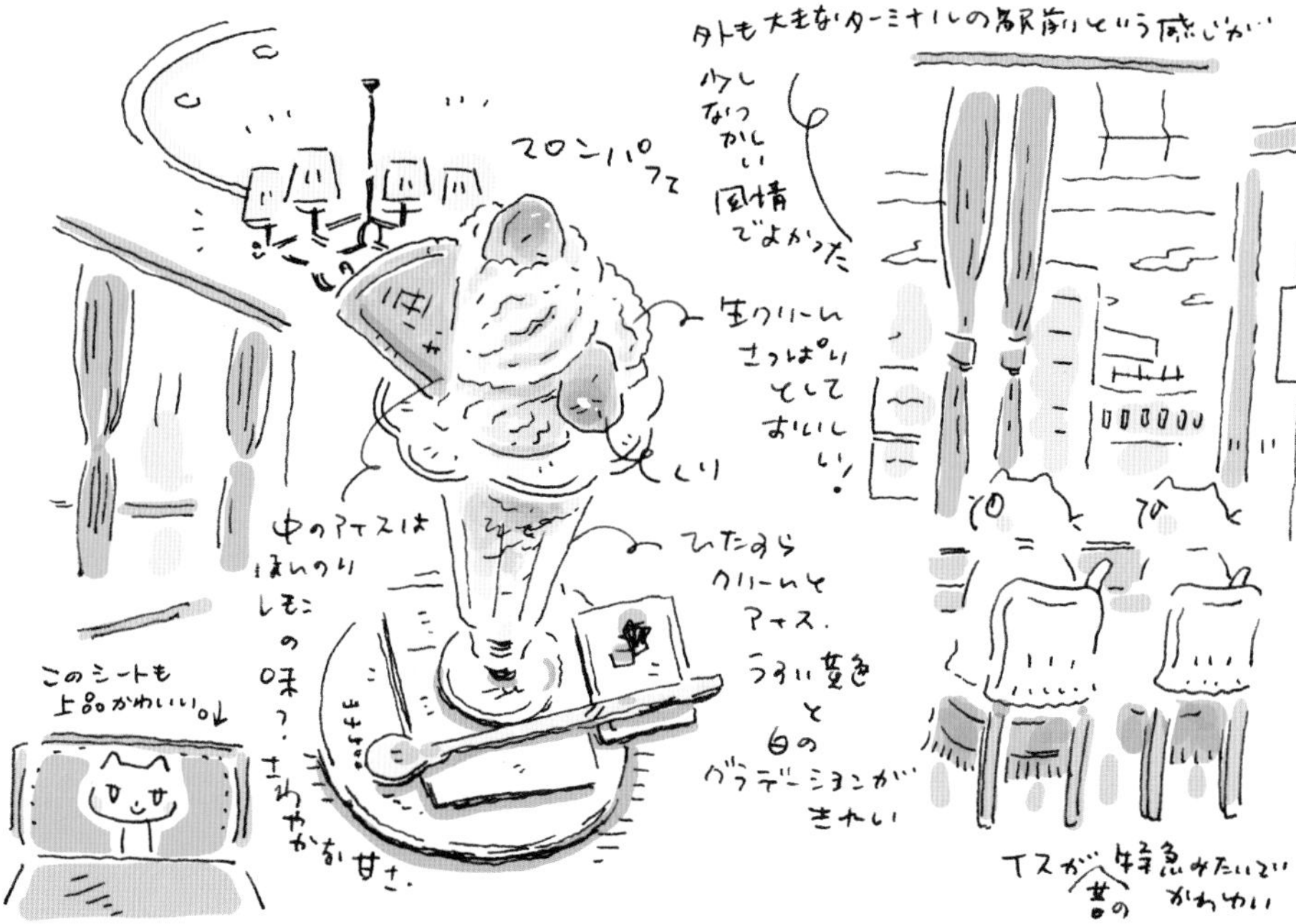

外も大きなターミナルの駅前という感じがいい
少しなつかしい風情でよかった
マロンパフェ
生クリームさっぱりとしておいしい！
くり
中のアイスはほんのりレモンの味？さわやかな甘さ
ひたすらクリームとアイス。うすい黄色と白のグラデーションがきれい
このシートも上品かわいい。↓
イスが昔の特急みたいでかわいい
キリリッ
制服の店員さんもパリッとしていいかんじ

ようなクラシカルな風情がマッチする。おもてなし感もバッチリ齟齬がない。親しい友人や上京してきた家族を接待するのにピッタリだ。

　ちょっぴり値が張るけれど満足度の高いカツサンドは、ポークではなく、ビーフカツ。カフェオレには甘みがついている。そんなところにも関西の香りを感じて、ちょっとだけ旅気分にもなれるのであった。

SHOP DATA

イノダコーヒ ● **歴史**：1947年～　**運営会社**：株式会社イノダコーヒ　**一号店**：京都道祐町店　**MENU**：アラビアの真珠（ホットコーヒー）、ビーフカツサンド

スペシャルティコーヒーの波はチェーンにも

2010年代のカフェのブームといえば「スペシャルティコーヒー」。ですがそもそも、よくわからない、という人も多いのでは。だって、定義は少し謎めいているし（規格が存在しているが、それもちょっとフンワリしている）、近ごろはスペシャルティコーヒーを出す昔ながらのお店だってあったりする。
それに、従来の珈琲店の
しっかりめコーヒーだって
十分おいしい……と筆者は思っている。
これらのお店に共通するのは、
スペシャルティコーヒーを出すことに加えて、
〝ミニマリズム〟や〝トレーサビリティ〟といった
現代的な価値観と原点回帰な〝ご当地感〟。
ちょっと敷居が高いかも？と
怖がることなかれ。
スタイルは今どきだけれど、
従来の喫茶店と同じように楽しめます。
チェーン店なら、さらに身近に
感じられる……かもしれません。

限定店舗のみ
コーヒーパフェ
ホイップ
やさしい味わいでおいしかった〜
アイス
コーヒーゼリー
いれ方もコーヒーに合わせて変えている
ウガンダのドリップ
サイフォンもある！

BLUE BOTTLE COFFEE
ブルーボトルコーヒー

アメリカはオークランドで創業したコーヒーチェーン。日本には2015年に清澄白河に初出店。「サードウェーブコーヒー」「スペシャルティコーヒー」ブームを牽引した。清澄白河店では研究員のような制服を身にまとった店員さんたちが印象的。ミニマルな世界観だが、クールな中に温もりを感じられる絶妙なバランス感覚。一服してみれば上質な喫茶店のくつろぎ。

コーヒーパフェにあうコーヒーをえらんでいただけますか？
フルーティなものが合うと思いまぁ〜
清澄白河店の制服は研究員さんみたい。

未来感
髪型も制服に合わせている風

KEYWORD

スペシャルティコーヒー

日本スペシャルティコーヒー協会（SCAJ）による評価点数によって一般のコーヒーと区別される。具体的には、生産国でのコーヒー豆の栽培から、収穫、生産処理、選別、抽出、カップ選びにいたるまで、品質管理とトレーサビリティを徹底したことにより、素材の個性が引き出されたコーヒーとのこと。味だけでなく、香りや色、フードとの「ペアリング」も楽しむなど、ワインのようでもある。「スペシャリティコーヒー」という表記のこともあり。

問診するように選んでくれる

コーヒー豆にくわしくないので頼むのが不安？ そんな心配はご無用。この業態店のメニュー表には、「チョコのような」「ベリーのような」といった、感覚的にわかりやすい表現でコーヒーの味が案内されていること多し。また、店員さんの知識も豊富で、好みの味の方向性を伝えたり、頼んだフードと相性のいいコーヒーを……といった注文方法も可能。気がねなく頼ってみよう。

ダークチョコレートみたいな感じです
いいですね!!!

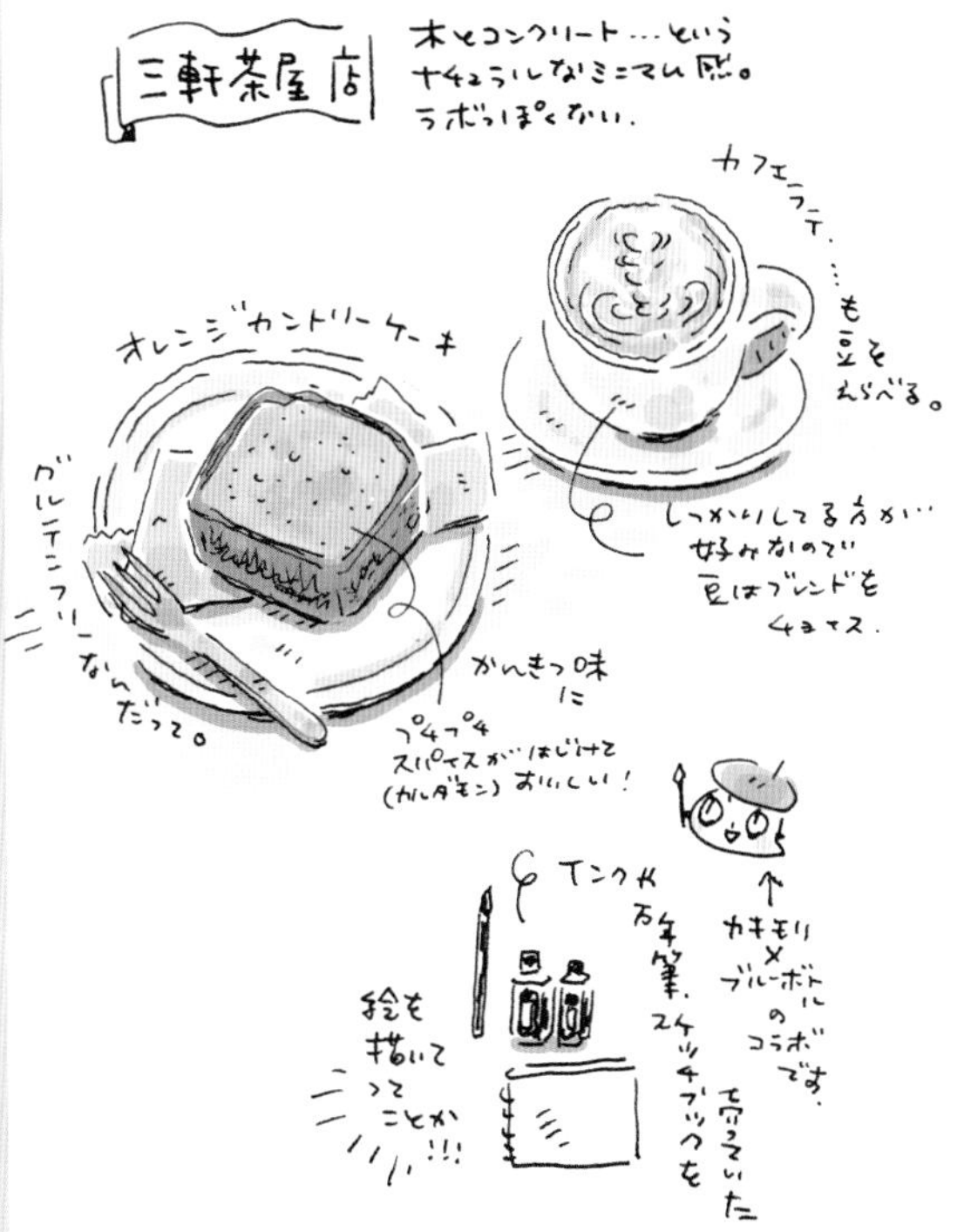

三軒茶屋店

木とコンクリート…というナチュラルなミニマム感。ラボっぽくない。

清澄白河 フラッグシップカフェ

SHOP DATA

ブルーボトルコーヒー ● 歴史：2015年～（アメリカでは2002年～）　**運営会社**：ブルーボトルコーヒー　ジャパン合同会社　**一号店**：清澄白河店

SARUTAHIKO COFFEE
猿田彦珈琲

2011年に最初の店舗である恵比寿店がオープンした、スペシャルティコーヒー店。近年、ぞくぞくと店舗が増えているほか、イベントや企業とのコラボが多いことも印象的。カジュアルでフレンドリーな都会のコーヒーショップ感あり。店舗によってホットケーキやフレンチトーストなど、異なるフードがある。

SHOP DATA

歴史： 2011年～
運営会社： 猿田彦珈琲株式会社
一号店： 恵比寿店

CAFE LEXCEL
カフェ　レクセル

ドトール系スペシャルティコーヒー店。木のイメージが強いモダンな空間に、やさしい色調のインテリア、本棚にはライフスタイル誌が並ぶ。他のスペシャルティコーヒーチェーンとは異なり、ターミナル駅に多いオフィス街立地型。

MARUYAMA COFFEE
丸山珈琲

▼P100へ

長野からやってきたご当地喫茶チェーンでもあり、スペシャルティコーヒー店の属性ももつ。店員さんや店構えにオーセンティック珈琲店のムードも色濃く残しつつ、中身はきっちりスペシャルティコーヒー店、という温故知新なハイブリッド感。

KEYWORD

ミニマルな空間

多いパターンは“研究室(ラボ)”のような、コンクリート打ちっぱなしの天井に、白く近未来的な空間。かつてその土地の施設だった場所のリノベーションであることも、あるあるパターンだ。ほか、北欧をイメージしたような、木を多く使ったモダンな空間であることも多い。このタイプのお店にしばしば「ライフスタイル」や「思想」を感じるのはこういったところ。

ローカル感を大事にする

これまでは“どの店舗に訪れても同じ味、同じ空間”を提供することが一般的だったが、近年のチェーン店は、立地する街ごとにメニューが異なったり、その土地にあわせた建物や空間であったり……あえて一貫させず店ごとの“ご当地感”がある。また、コーヒー豆についても、その生産地やエピソード的な情報を提示することでストーリーまで味わってもらう意図を感じる。その他、ご当地企業や作家とのコラボ製品の展示販売など、「クラフトマンシップ」を重んじている。

既存チェーンの新業態としても

ドトールの「カフェ レクセル」やスターバックスの「ネイバーフッドアンドコーヒー」は、これらのスペシャルティコーヒー店の特徴を持った業態店。スペシャルティコーヒー店らしさと「ドトール感」「スタバ感」を同時に楽しむことができるのも、喫茶チェーンファンとしては一興だ。

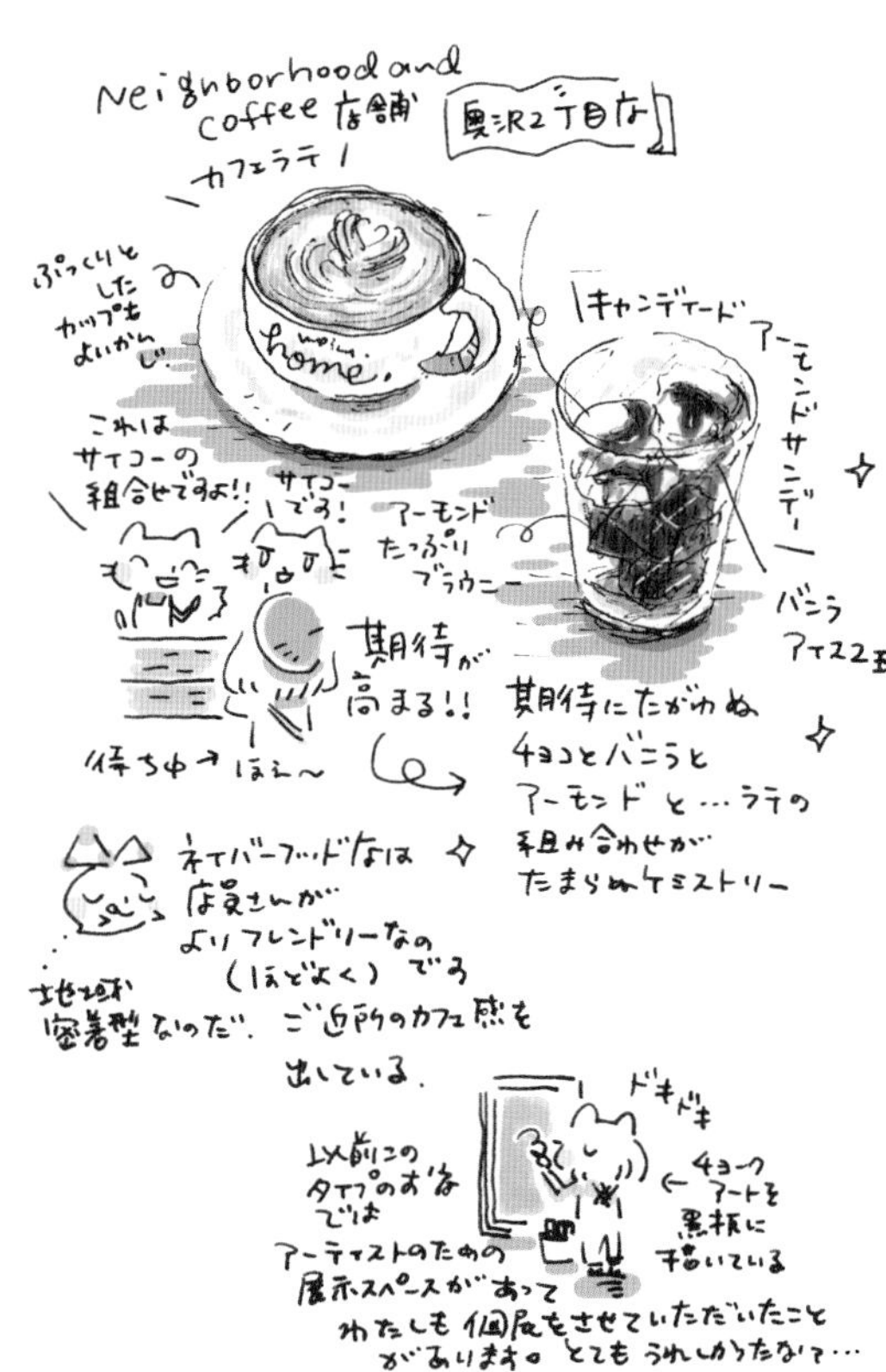
Neighborhood and coffee 店舗
奥沢2丁目店
カフェラテ
ぷっくりとしたカップもよいかんじ。
home
キャンディード アーモンドサンデー
これはサイコーの組合せですよ!!
サイコーです!
アーモンドたっぷりブラウニー
バニラアイス2玉。
期待が高まる!!
待ち中→ ほぇ〜
期待にたがわぬチョコとバニラとアーモンドと…ラテの組み合わせがたまらぬケミストリー
ネイバーフッドなは店員さんがよりフレンドリーなの(ほどよく)です
地域密着型なのだ。ご近所のカフェ感を出している。
ドキドキ
以前このタイプのお店ではアーティストのための展示スペースがあって
チョークアートを黒板に描いている
わたしも個展をさせていただいたことがありますの とてもうれしかったなぁ…

STARBUCKS
スターバックス ネイバーフッドアンドコーヒー店

“ご近所の珈琲店”感がコンセプト。店名は「〇〇(町名)●丁目店」という形式であったり、店員さんが従来のスタバよりもさらにフレンドリーであったりする。メニューもノーマルスタバと違ったオリジナルが多い。

このへんが「カフェ用途」かな…
読書
歓談
手紙や手帳をかく
デザートや軽食をたのしむ。
考えごと

このへんの境界は
フンワリしていると思うし
そこがよいところ…と思うのだ

COLUMN
5

「カフェ利用」ってなんでしょう

CHAPTER

6

カフェに使える他ジャンルチェーン

ダイナーのような洒落た風情でドーナツをほおばる至福

MISTER DONUT
ミスタードーナツ

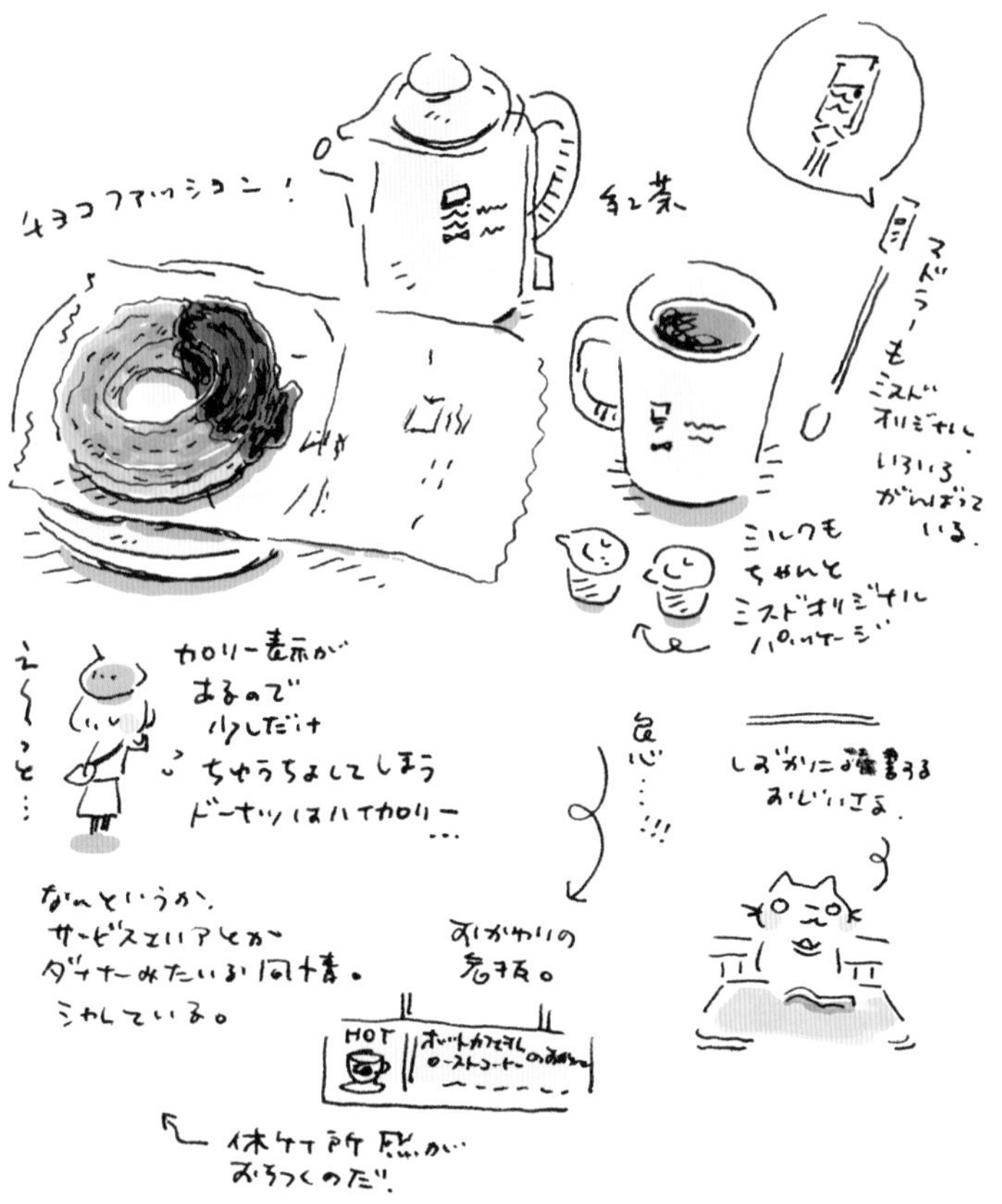

子どものころ、駅前に当たり前にあったミスド。でも、大学生になったころくらいから、そんな当たり前には目が向かなくなってしまいました。反抗期みたいだな。あるとき、ふとミスドで一服してみたところ、ドッ……と大きめの感情があふれてきてしまった。街の喫茶店風でもない、違ったジャンルのなつかしさ。ちょっと大人になっていろんな知識を得たからわかるよさ。このお店は「アメリカンダイナー」を模していたんですね。

店内BGMは、てっきり外国のラジオなのかと思ってしまったのですが、これはお店選定の洋楽を流す、ミスドオリジナルのラジオ風チャンネルなのだということ。公式サイトでは、曲目リストまで公開している。洋楽好きの母に聞いてみたら、母はわたしが子どものころからミスドの選曲をすごくいいと感じていて、聴きたい曲が流れる時間帯も把握し、その時間にお店に通ったりしていた

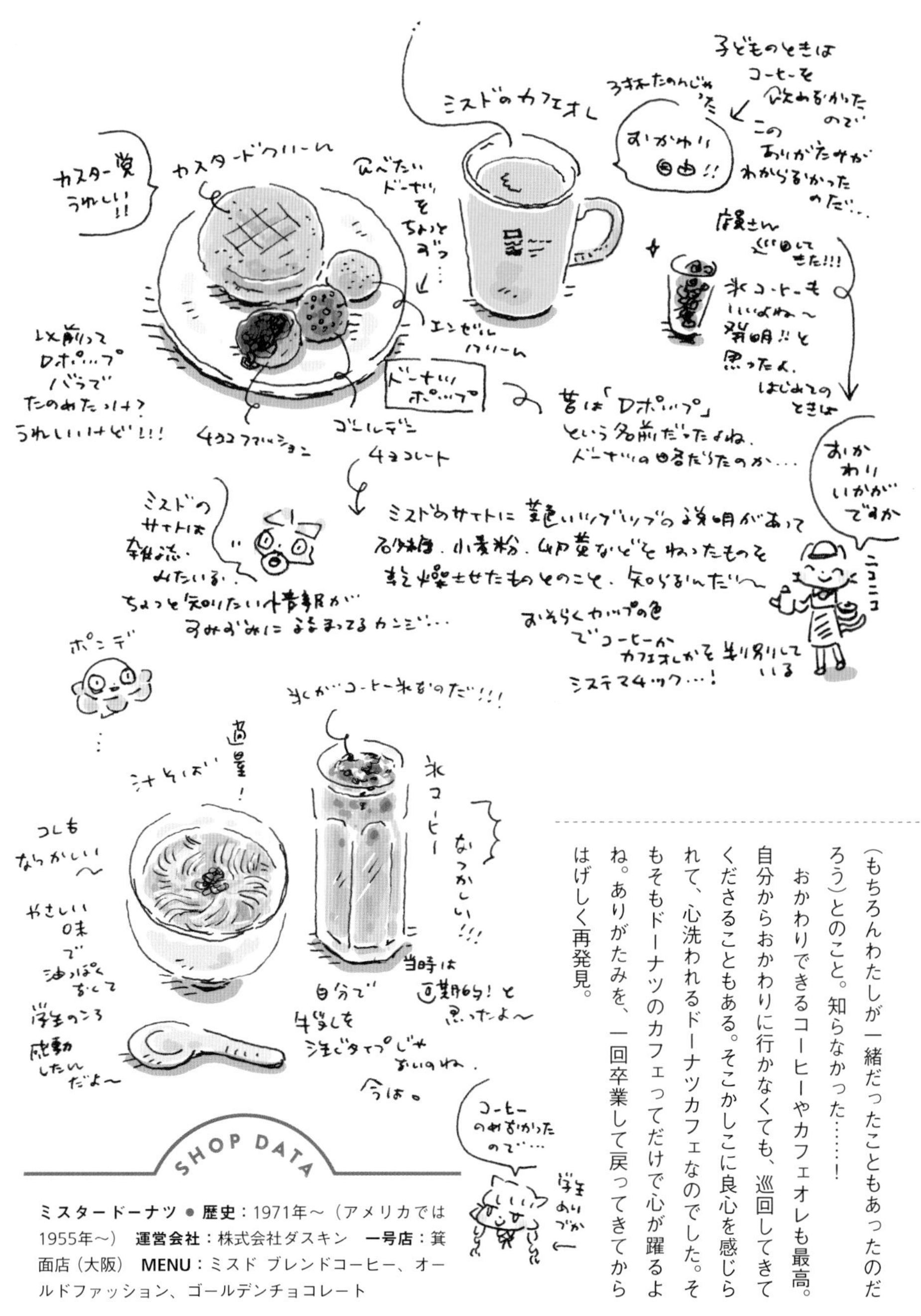
カスタード党 うれしい!!
カスタードクリーム
食べたいドーナツをちょっとずつ…
ミスドのカフェオレ
3杯たのんじゃった
おかわり自由!!
子どものときはコーヒーを飲めなかったので このありがたさがわからなかったのだ…
店員さん巡回してきた!!!
氷コーヒーもいいよね〜 発明!!と思ったよ。はじめてのときは
エンゼルクリーム
以前ってDポップバラでたのめたっけ? うれしいけど!!!
ドーナツポップ
昔は「Dポップ」という名前だったよね。ドーナツの略だったのか…
チョコファッション
ゴールデンチョコレート
ミスドのサイトは雑誌みたいな。ちょっと知りたい情報がすみずみにつまってるカンジ…
ミスドのサイトに美しいツブツブの説明があって 砂糖、小麦粉、卵黄などを練ったものを乾燥させたものとのこと、知らなんだ〜
おかわりいかがですか
ニコニコ
おそらくカップの色でコーヒーかカフェオレかを判別している システマチック…!
ポンデ
汁そば 適量!
氷が、コーヒー氷なのだ!!!
氷コーヒー
なつかしい!!!
これもなつかしい〜
やさしい味で油っぽくなくて 学生のころ感動したんだよ〜
当時は画期的!と思ったよ〜
自分で牛乳を注ぐタイプじゃないのね、今は。
コーヒーのめなかったので…
SHOP DATA

（もちろんわたしが一緒だったこともあったのだろう）とのこと。知らなかった……！

おかわりできるコーヒーやカフェオレも最高。自分からおかわりに行かなくても、巡回してきてくださることもある。そこかしこに良心を感じられて、心洗われるドーナツカフェなのでした。そもそもドーナツのカフェってだけで心が躍るよね。ありがたみを、一回卒業して戻ってきてからはげしく再発見。

ミスタードーナツ ● **歴史**：1971年〜（アメリカでは1955年〜）　**運営会社**：株式会社ダスキン　**一号店**：箕面店（大阪）　**MENU**：ミスド ブレンドコーヒー、オールドファッション、ゴールデンチョコレート

何かドラマチックなことが起こる場としての憧れ

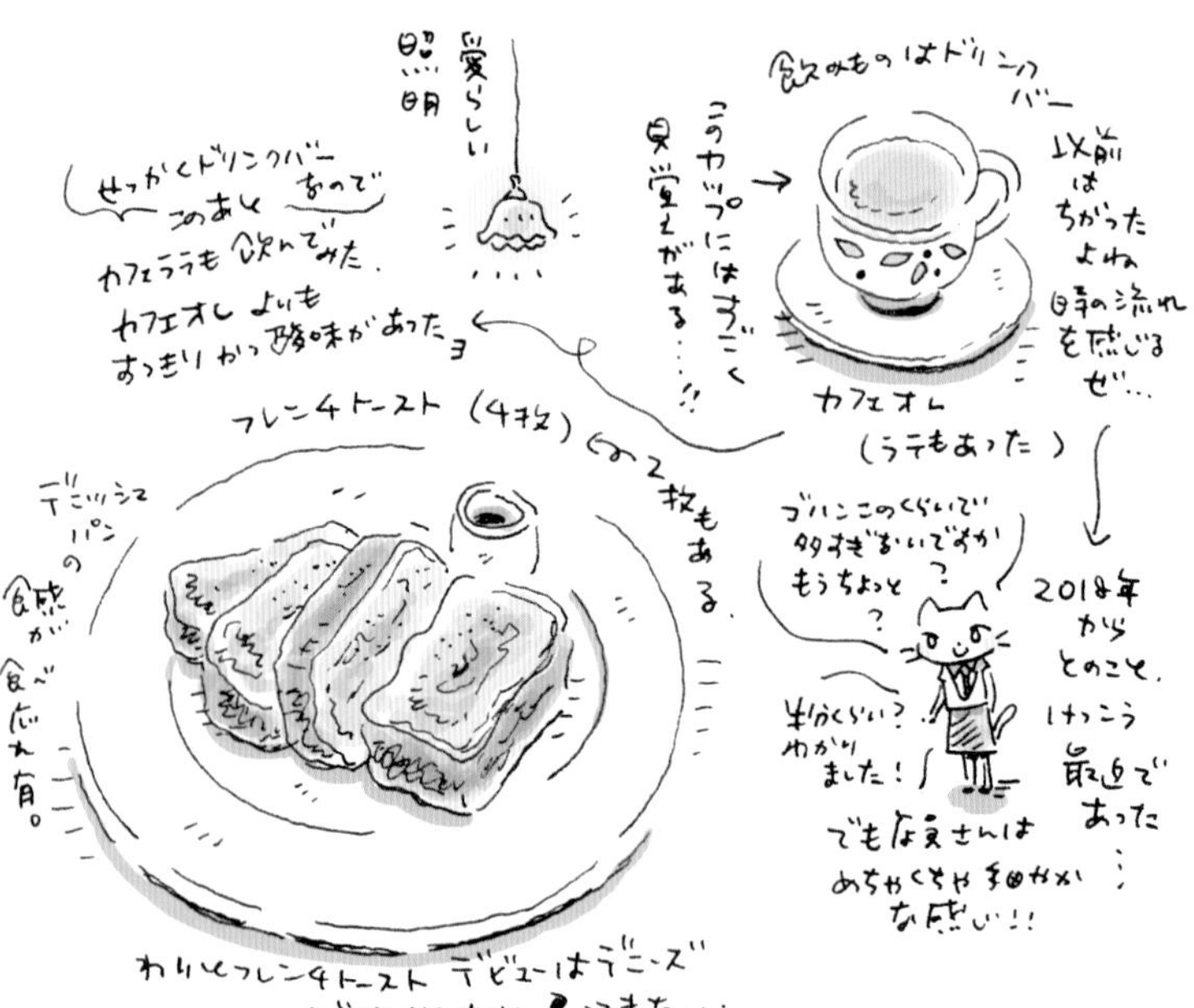
愛らしい照明
せっかくドリンクバーなので このあとカフェラテも飲んでみた。
カフェオレよりも すっきりかつ酸味があったヨ
このカップにはすごく貫禄がある……!!
飲みものはドリンクバー
以前はちがったよね 時の流れを感じるぜ…
カフェオレ (ラテもあった)
フレンチトースト(4枚)
2枚もある。
デニッシュパンの食感が食べ応え有。
ゴハンこのくらいで多すぎないですか? もうちょっと?
半分くらい? わかりました!
2018年からとのこと。けっこう最近であった…
でも店員さんはめちゃくちゃ細やかな感じ!!
わりとフレンチトーストデビューはデニーズだったかもねと思ってきた…

DENNY'S
デニーズ

幼き日の憧れの場所として、喫茶店以外に「夜のファミレス」もあったと思う。かつて、ファミレスは「ファミリー」とその名に付くものの、今よりももう少し大人っぽいイメージだった。そこでは、ドラマのように緊張感ある会話が、つねに繰り広げられているのだと思っていた。あるいは、ネタにつまった作家さんがひたすら悩んで座席に向かっているとか。学生のわたしには、それがひどく輝いて思えて、踏み入れることへの期待があったのです。

ある時期、デニーズで右記のような憧れを満たすような過ごし方をしていたことがある。現在、筆者は喫茶店では「1時間くらい」の滞在をマイルールとしているけれど、そのときは、アイデア出し（個展とかご本のための）と称して数時間うんうん過ごす……ということをやっていたのだ。

店員さんはただただ温かくて、小娘が絵をもりもり描く時間をそっと見守ってくれ、こちらも「あ

横のおばあさまズと知り合いで移動してきた
品のよい
おじいさん
おばあさまズ
ひとりだったからかもだけど
以前のような「半個室」みたいな席ってもうないのかしら…?
カフェ利用するのが少し申しわけなくなるカンジはあるかも…
このひしめき感でも気にならないくらいの落ち着くカンジはある。

DRINK BAR
アイスコーヒーは「セブンカフェ」
ウ〜ン…
結局カフェオレ→カフェラテ
(もう1回カフェオレにしようか迷ってる)
ドリンクバーって選択肢がありすぎて思考を放棄しちゃうんだよね…(わたしは)
いろんなマシンが並ぶ

のファミレスでネタ出しをする」という行為を達成した高揚感で、いつもよりもはかどったような気持ちになれた。そんな、甘酸っぱい思い出です。

現在、デニーズはドリンクバー＆呼び出しボタン制になってしまったけれど、それでも店員さんは「いらっしゃいませデニーズへようこそ!」と爽やかに迎えてくださるし、キビキビとされていて包容力ある感じは変わらず。個人的なつかし＆現役ばりばりのおすすめメニューはフレンチトーストです。

グラスワイン199円らしい。
ボタンで呼ぶ方式にもなっていた…
たのんじゃおうかな…
昼ーだけど…

SHOP DATA

デニーズ ● 歴史：1974年〜（アメリカでは1953年〜）
運営会社：株式会社セブン＆アイ・フードシステムズ
一号店：上大岡店（横浜）　**MENU**／ドリンクバー、自家製フレンチトースト

おフランス感にシビレル パン屋さんカフェ

アイスカフェクレーム
深いりで好みの味！
ポールのコーヒーは
ハムとチーズのクロワッサンサンド
ザクザクおいしい！
お砂糖の甘いパン
素朴な甘さでよくたのむ
甘いのと塩系があるのと両方たのみがち。
いい雰囲気とおいしいパンと高ホスピタリティを考えるとお値打ちでは…と思うのだい
店員さんニコニコで
よいかんじ
飯田橋で働いていたころ、お昼に神楽坂まで行ってワイン飲んだりしたなア…
エスケープして
（ワインのセットがあった）

PAUL
ポール

「パン屋さんカフェ」というジャンルがあると思う。チェーンとしては、表題のポールほか、ヴィドフランスや神戸屋キッチン、リトルマーメイド、サンジェルマンなどなど。ネーミング的に、フランスか北欧に寄せてるのがちょっとおもしろい。

　個人経営のパン屋さんカフェは、高級志向だったり、こだわり度がハンパないことも多く、デイリーなカフェ利用にはちょっとハードル高めと感じているのですが、その点チェーンなら、より生活に密着している感があるので、ぐぐっと通いやすくなる。

　もともと、少し高級な感じがしてしまい敬遠していたポールをなぜ推すにいたったか。かつてパリに旅行した際、日本でいうヴィドフランスくらいの感じで、ごく日常的なパン屋さんの顔をして、あちこちにポールがあった。同じロゴで（そりゃそうだ）。そして、現地で食べたハムとチーズのサンドイッチは、ほっぺたが落ちるほどおいしかっ

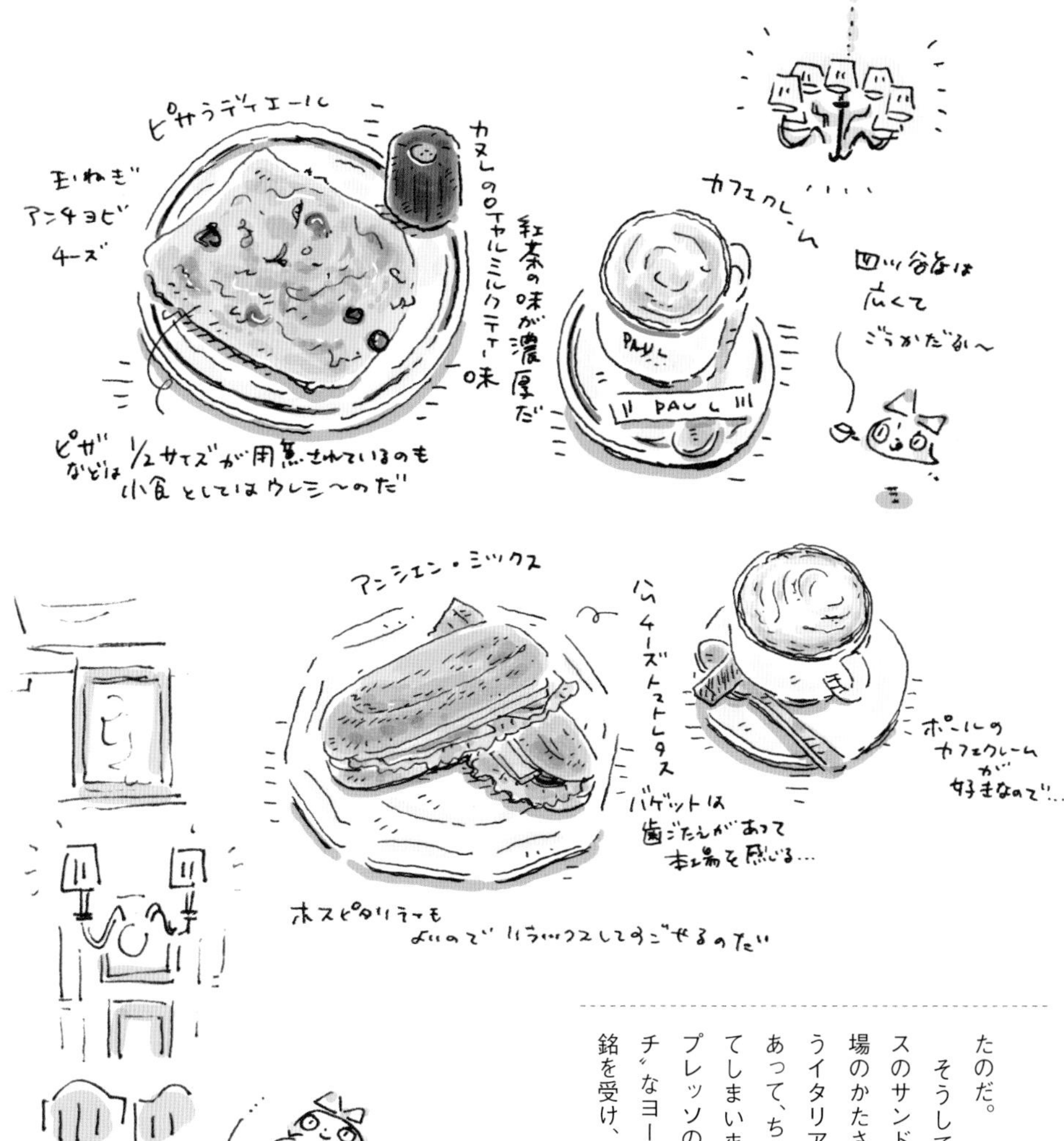
ピサラディエール
玉ねぎ
アンチョビ
チーズ
カヌレのロイヤルミルクティー味
紅茶の味が濃厚だ
カフェクレーム
PAUL
四ッ谷店は広くてごうかだな〜
ピザなどは1/2サイズが用意されているのも
小食としてはウレシ〜のだ
アンシェン・ミックス
ハムチーズトマトレタス
ポールのカフェクレームが好きなので…
バゲットは歯ごたえがあって本場を感じる…
ホスピタリティもよいのでリラックスしてすごせるのだ
シャンソンが流れる店内…

たのだ。

そうして帰国してから通ってみると、フランスのサンドイッチの再現度の高さ（バケットが本場のかたさ！）や、コーヒーが「ラバッツァ」というイタリアの銘柄で（ラバッツァも以前カフェがあって、ちょっと推してたのですが、今はなくなってしまいました）、コーヒーのデフォルトがエスプレッソのような濃さであることなど、かなり〝ガチ〞なヨーロッパ感の演出をやっていることに感銘を受け、大ファンになってしまった次第です。

SHOP DATA

ポール ● 歴史：1991年〜（フランスでは1889年〜。カフェ併設のチェーンとしては1987年〜）　**運営会社**：株式会社レアールパスコベーカリーズ　**一号店**：名古屋松坂屋店　**MENU**：カフェクレーム（カフェオレ）、アンシェン・トン（ツナサンド）

バーガーショップなのに「カフェ」フォルダに入りがち

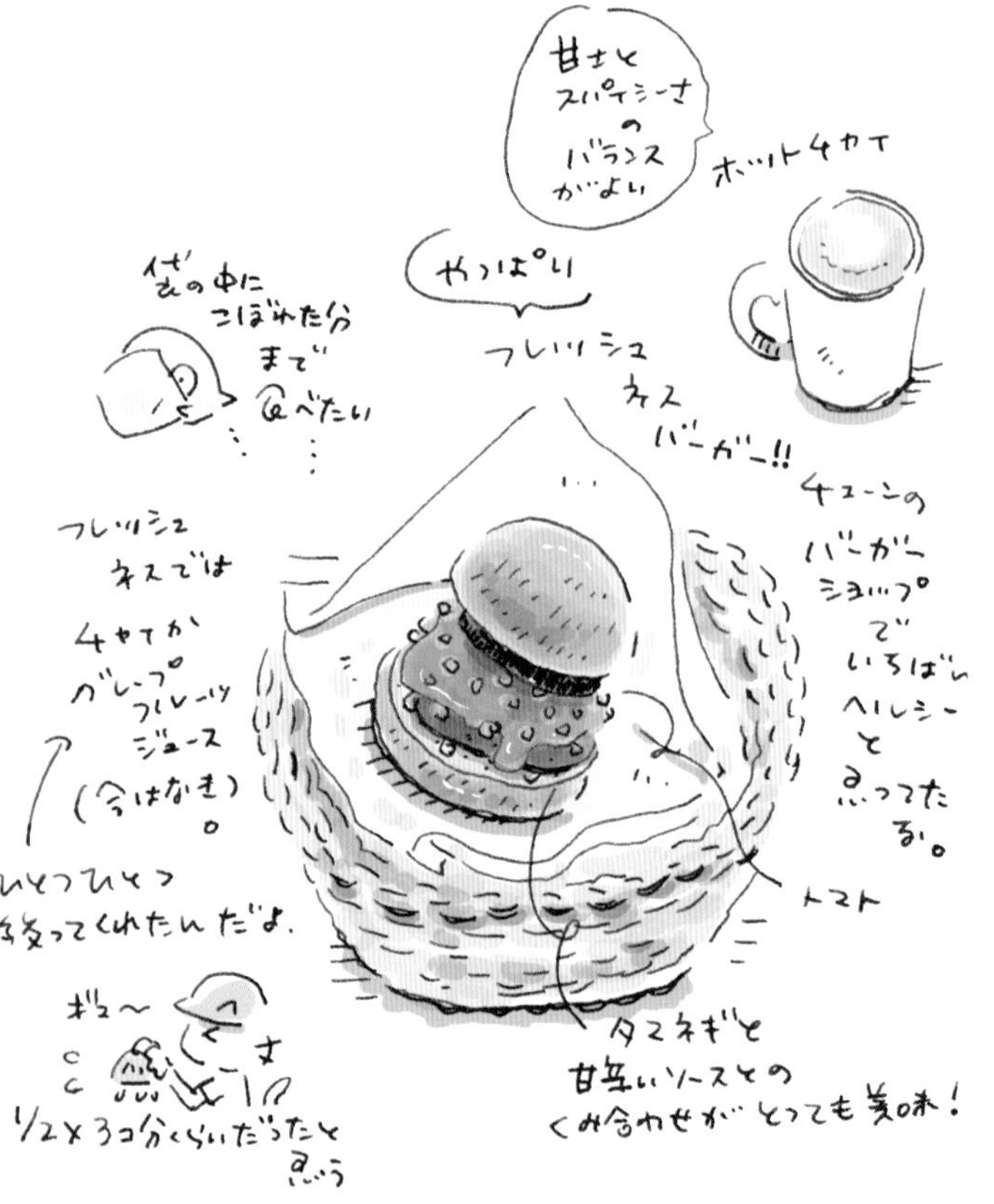

FRESHNESS BURGER
フレッシュネスバーガー

「喫茶店」という概念が頭の中でかたまる以前から、つまり結構子どものころから、自発的に通っていたお店のひとつが、このフレッシュネスバーガー。その利用のしかたは、今思うと完璧に〝カフェ利用〟だった。

友人とだらだらおしゃべりして過ごしたり、ひとり考えごとにふけったり。バーガー屋さんとしても、そんなに重めのバーガーばかりではないということが、中学生の女の子的にも使いやすかったんだろうと思います。

「ダイナー」というスタイルには、学生のころには気が付くことがなかったけれど、空間には統一された世界観があることはしっかりと感じられました。一般的に「チェーン店」で想起されるような、白くて明るくて無機的……な感じとは真逆の、少し薄暗くて、全体的にウッディーで、カフェ的なBGMが流れる、味わいある空間。リアルタッチのイラストで描かれたメニューやポスター（や

以前のバーガーの絵や商品ポスターの手描き感がスキでした。
バーガーのオブジェ
ダイナーのたたずまいもキュートなんだ
店内に飾りつけ。こういうのもわりとフレッシュネスらしさと思う。
店員さんもオシャレ
なつかしメニュー ドーナツ。サーターアンダギー型。表面カリッと中はもっちり…!
チョコもあった

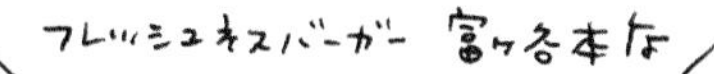
フレッシュネスバーガー 富ヶ谷本店

FRESHNESS BURGER
いいたたずまいなんだ

たぶん、わりと変わっていないのでは…と思われる。
ロードサイドなところもよい風情。

めてしまったのがとても惜しまれる）には古びないおしゃれさがありました。これらの特徴は、現在のわたしの頭の中でも、フレッシュネスが「カフェ」フォルダに分類されている理由と思っています。

本店である富ヶ谷店に行ってみると、その原点の魂をビンビンと感じることができます。ロードサイドにあって、クルマの流れる音がBGMに混じるのも、ムードをさらに高めてくれます。行ってみてね。

SHOP DATA

フレッシュネスバーガー ● **歴史**：1992年〜 **運営会社**：株式会社フレッシュネス **一号店**：富ヶ谷店（東京）
MENU：カフェラテ、チャイ、ベーコンオムレツバーガー

キュートでちょっぴり
蠱惑的なチョコレートカフェ

パリパリのヌガティーヌ

チョコ

リンツ
ソフトクリーム
ショコラ
ミルク

ミルクチョコソフト

ミニパフェ的に食べられる。

グラスがプチサイズなのもかわかわいいのだ!!

チョコがしたたってるみたいな演出も ホラ〜ぽくてずっとスキ！

リンツはゴージャスすぎずキュートでずっとスキさ

このしたたるチョコは店員さんがその場で描いている！

味がやさしくてスキです。

てっきり描いておいたものをストックしてるのかな…と思っていた

リンツ
アイスチョコレートドリンク
ミルク

LINDT CHOCOLAT CAFÉ
リンツ ショコラ カフェ

かつて、チョコレートはパーリーピーポーのもの、みたいに思っていた。なんとなく派手な人に気後れしてしまい、流行りモノに抵抗感をもってしまう性分だったわたしは、だから街にあるチョコレートドリンクのスタンドにも、近寄れなかったのだった。

そんな折、なにげなく立ち寄った見慣れないチョコレートスタンド。したたるチョコレート模様のカップがかわいい！　しかもこれ、プリントじゃなくて本物のチョコレートだ！　ハロウィンもティム・バートンも一般ウケするコンテンツになってしまい、困惑しているこの頃ですが、わたしはホラーモチーフやオバケの話などが大好物で、「かわいくしたたっている」この感じにはとてもグッッッときて親近感を抱いたのだった。

リンツはスイス生まれのチョコレート専門店。チョコレートドリンクや、小さなパフェのようなソフトクリームなど、リンツのメニューには、「な

店内かなりあたたかい…のは
やはりチョコドリンクで冷える人が多いからだろうか
カップに入ってるのでフォンダンショコラで困りがちな「ソースでこぼれる」が起こらない!
フォンダンショコラ ブラン
クリームがチョコ.
甘すぎるかもとカフェラテ
やはりチョコドリンクだと
ホイップがなまめかしいぜ
チョコソースも…
Lind
リンツのものは全体的に「なまめかしい」んだよナ
ほめています
ケーキを割るとチョコソースがトロッと流れ出す.
リンツはちゃんとコーヒー紅茶もあるよ!

表参道店は明治通り沿いにあってカウンター席は通りをのぞめるところがスキ.

リンツもだけど この沿いのおなはこじゃれた構えのところが多くてアガル.

まめかしさ」があると思う。愛らしく盛られた上から、トロリ流れるチョコソースやホイップの立体感に、ソソられる。

カフェは表参道店が好きで、場所柄、テイクアウトの人のほうが多いのですが、2階イートインの、窓向きのカウンター席がおすすめ。明治通りの、少しなつかしくメルヘンの香りがする建物たちを見下ろしながら、その季節ごとのにぎわいを堪能できる穴場です。

SHOP DATA

リンツ ショコラ カフェ ● **歴史**：2010年～（スイスではチョコレート専門店として1845年～）　**運営会社**：リンツ&シュプルングリージャパン株式会社　**一号店**：銀座7丁目店　**MENU**：リンツ アイスチョコレートドリンク、リンツ ソフトクリーム ショコラ

「イタ飯」ナイズされていない本場のイタリアの風を感じたい

ならではのドリンクもあるのだけどラテアートがうつくしいおみせなので今日はコチラを。
カタラーナ
イタリアのプリン
下の方はスポンジケーキ。
表面はクレームブリュレのようにかたくなってて、コンコンして砕く
お酒イッパイ
カフェメニューをお願いすればちゃんとカフェ利用できます
食事ですか？
カフェです
ちゃんとカフェメニュー表があるよ！

BAR DEL SOLE
バール・デルソーレ

本書ではいくつかのイタリアンバール風チェーンをとりあげてきましたが、こちらは主軸がカフェよりもバールにあるお店。

出逢いとしては、中目黒の桜の時期……とにかく猛烈に混むんですが、駅前はどこのお店もいっぱいいっぱい。そんなときに逃避できる穴場として、飛び込んだのがこちらの中目黒店だったのでした（桜は見えませんがほっとできます）。

お昼時はランチで、夕方はディナーな感じになるのですが、店員さんに「カフェ利用で」とお伝えすればOK。

こちらのお店の魅力としては、立ち飲みを意味する「バンコ」のシステムがあること。立ち飲み席で頼めば、各種メニューにオトクな価格設定が適用されます。でも、お値打ちさそのものに価値があるのではなくて……公式のサイトでは、バンコを「ここは止まり木であり、コミュニケーションの場である」としています。バールの精神が炸裂

デルソーレのマークはおひさまさん。
パン
サラダ
内装もシックさの中にキュートさがあってよいのです。
月替わりパスタ
さんまのパスタ、おいし〜い
ランチ！
カフェマッキャート
砂糖が2袋付いてくるのもなんとなく本場感
ランチドリンクはジェラートにすることも可。
店の奥さんのかけ声がイタリア語。

この雨の日にあえてのテラス席でくつろぐ
常連っぽいおじさま。
「ツウ」という感じがします。

していてシビレル〜！

店内にはイタリアのラジオが流れ、イタリアの写真が飾られている。コーヒーメニューでは「マロッキーノ」や「カフェ・コレット」といった、ちょっとコアなエスプレッソの飲み方も楽しめる。デザートの「カタラーナ」は最近話題のイタリアンプリン！ すっかり日本ナイズされてしまった従来の「イタリアン」よりも全体的に素朴ながら、強度のある本場のおいしさを楽しめるのが、バールのよさだと思うのでした。

SHOP DATA

バール デルソーレ ● **歴史**：2001年〜 **運営会社**：株式会社フォルトゥーナ **一号店**：麻布店（現在は閉店）
MENU：カフェマッキャートシングル、カプチーノ、カタラーナ

気になること お店に 聞いてみました

喫茶室ルノアール

Q **お茶が出てくるタイミングは決まっているのでしょうか？**

A お客様のご飲食の後（飲み終わりそうになった頃）、お茶を提供しております。お口直しの意味合いも含め、余韻を楽しんでいただき、ゆっくりお過ごしいただくためです。

コーヒーハウス・シャノアール

Q **コーヒーゼリーはシャノアールとベローチェ、どちらで最初にはじめたメニューだったのでしょう？**

A コーヒーハウス・シャノアールで提供を始めたメニューとなります。

スターバックス

Q **店員さんが「話しかけてくる」「カップにメッセージをくれる」はマニュアルがあるのでしょうか？**

A マニュアルに沿ったものではありません。スターバックスにはサービス（接客）のマニュアルはなく、一人ひとりのお客様のためにニーズをくみ取り何ができるのか、パートナー（従業員）が自ら考え行動しています。お客様との会話やカップへのメッセージも、そのお客様を想い、「今日もお店に来て良かったなと思ってもらいたい」という気持ちでパートナーが自発的に行動した証です。

セガフレード・ザネッティ・エスプレッソ

Q **「ミオバールカード」のストイックすぎるランクアップシステムの大ファンです。どういった理由（経緯）で、このようにストイックな方式に決まったのでしょうか。**

A 私ども発祥の地、イタリアには15万店以上のバールがあり、イタリア人の日常に欠かせない存在になっております。イタリア人には皆お気に入りのバールがあると言われ、そのバールの事をミオバール（英語のmy bar）と言い、出勤前に一杯、お昼に一杯、夕食前に一杯と一日に何度も通うのが彼らのライフスタイルになっています。私ども日本のセガフレードも、イタリアのバールのようにお客様の生活の一部のバールになりたいという思いから、このクラブミオバールのサービスが誕生しました。

ランクアップシステムについて、１来店１ポイントの基本だけを考えますとランクアップをするが大変そうですが、実際には５００回、１０００回来店しなければ到達しないということではなく、５ポイントＤＡＹや、ボーナスポイントなど、都度ジャンプアップできる機会を設けていますので、楽しみながらポイントを貯めていただけると思います。

タリーズコーヒー

Q **病院に入店していることが多いのはなぜでしょう？**

A もともと、総合病院には（今でこそ見慣れましたが）コンビニやカフェはなく売店と喫茶店があるというところが多かったのですが２００４年に東大病院がカフェを誘致することになり、タリーズがカフェでは初の病院内店舗をオープンしました。病院サイドは、地元の人が来やすい空間にしたいので町中にあるカフェやコンビニを誘致したい＆職員の福利厚生になるというメリットがあります。弊社としては、「地域社会に根付いたコミュニティカフェとなる」という経営理念があり、病院には地域の方が多くお越しですので、コミュニティカフェを実現する場所としては理想的です。

また、実際に運営してみてわかったことですが、病院内店舗には路面店には必要ではないようなサービスを求められるシーンもあり、ホスピタリティ面で大変勉強になることが多かったです。弊社は、味／サービス／居心地の良さの3つがそろってお客様にご提供できると考えておりますのでサービス面において病院内店舗で培ったノウハウを通常の店舗に共有し、会社として財産と考えております。

現在では750店舗ほど展開しているなかで病院内店舗は1割以上を占めています。病院は公募制でリニューアルがなければ出店のチャンスはありませんが、機会があれば、立候補させていただいている状況です。

デニーズ

Q **ドリンクバーと呼び出しボタン制になっても、店員さんの目配りのすごさに感服しているのですが、これはデニーズのポリシーなのでしょうか。**

A デニーズは「お客様のおいしい、楽しいに寄り添う、もう一つのリビング＆ダイニング」というビジョンを掲げ、ご来店くださったお客様お一人お一人に、くつろげる雰囲気の中で出来立てのおいしい料理をフレンドリーなサービスとともに提供することを目指しています。

ドリンクバーを導入したのも、従業員の作業性がアップする分、しっかりと気配り、心配りのサービスやクリンリネス（清潔さを保つこと）に時間を使えるようにという目的があります。

フレッシュネスバーガー

Q **ドーナツはまだ販売されていますか？ 2020年3月現在のドーナツ提供店と、なぜ「サーターアンダギー」のようなタイプになったのか教えてください。**

A 全国で7店舗ほど販売している店舗がございます（中目黒店／中部国際空港店／イオンモール橿原店／宇都宮店／上本町店／北大路ビブレ店／香里園店）。

フレッシュネスバーガーは創業者がアメリカ視察で見た「テネシー州の鉄板だけで焼く手作りハンバーガー屋」をモデルにスタートしており、〝手作り〟や〝ホームメイド〟を大切にしています。本来ドーナツはもともとボール状、もしくはそれを少し平べったくしたような形をしており、アメリカでもボール状でオールドファッションのようにザクっとした食感のものがホームメイドで主流だったために、フレッシュネスバーガーでもこの形状になったと言われています。

宮越屋珈琲

Q **適度な「暗さ」が本格珈琲店らしく（そしてチェーンらしからぬ）魅力的ですが、やはり照明の加減にこだわりがありますか？**

A 照明につきましては、間接照明や柔らかな光を目指しています。明るいばかりではなく影もあるような……。ただ、私どもの高齢化のせいでしょうか、最近は少し明るめになってきています。

リンツ ショコラ カフェ

Q **チョコレートがしたたるカップデザインがすてきですが、これはお店の方がチョコ部分をつくってらっしゃるのでしょうか？**

A はい、リンツのチョコレートドリンクのアイコンともいえる、チョコレートのしずく模様は、お店のスタッフが、チョコレートでカップに一つ一つ丁寧に描いて提供しています。

ご回答ありがとうございました

おわりに

王道のガイドブックよりは、妄想強めになってしまった本書、楽しんでいただけたでしょうか。

喫茶チェーンの本はずっとやってみたくって、その理由は、わたしが「のれんわけ」や「同じ経営母体で違う店！」みたいな話が大好物すぎることと、いろんなものごとに「人格（キャラ）」をみてしまいがちな……オタク的な人間だから、と思っています。

学生時代にチェーン店にはたくさんお世話になって、そのバリエーションを大いに楽しんだし、それを使い分けることによって助けられた思い出があったから、というのもあるかもしれません。

もしかすると、「喫茶チェーンが個人経営店を追いやっているのでは」という声もあるかもしれない……と思いました。

しかし、わたしはそういう考えではありません。

これは書店も似ているのですが、無意識に、そのお店に立ち寄る習慣が日々あってこそ、
そこで本を買うし、本や書店という文化がその街のものになる。
それはチェーンの本屋さんでも、古本屋さんだっていい。
お店で喫茶することも、高級な趣味として……ではなくて、どんな人も、
いろんなタイミングに、気軽に楽しめる何気ないものであるべき、とわたしは思っています。
だから喫茶店も、なるべくたくさん、街中にあってくれてこそ
（ハイカルチャーやサブカルチャーの区別なく）、
身近な文化として、残っていけるのでは……と考えています。
喫茶チェーンがたとえそれぞれはガラパゴス的だったとしても、
たくさん存在していることは、豊かなことなんです。

みなさんの味方になってくれる、たくさんの喫茶チェーンたちと、
もっと仲良くなれるための一冊となれますように。

２０２０年４月吉日

飯塚めり

さくいん

喫茶(カフェ)チェーン観察帖(ノート)

発行日　2020年4月13日　初版

著者　飯塚めり

発行人　坪井義哉

発行所　株式会社カンゼン
〒101-0021
東京都千代田区外神田2-7-1 開花ビル
TEL　03(5295)7723
FAX　03(5295)7725
http://www.kanzen.jp/
郵便為替　00150-7-130339

ブックデザイン　アルビレオ

DTP　細工場

編集　キンマサタカ(パンダ舎)

印刷・製本　株式会社シナノ

ISBN 978-4-86255-530-4　Printed in Japan
定価はカバーに表示してあります。ご感想に関しましては、
kanso@kanzen.jp までEメールにてお寄せください。お待ちしております。

本書に掲載されている情報は2020年3月現在のものです。
お店のデータや料金などは変更される場合がありますので、
詳細は店舗にてご確認ください。

飯塚めり　MERI IIZUKA

イラストレーター／喫茶店観察家。カフェインで酔える喫茶マニア。おばけ好き。早稲田大学第一文学部卒。コラムニスト事務所、出版社勤務を経てフリーに。著書に『東京喫茶帖』『東京喫茶録』(カンゼン)、『カフェイン・ガール』(実業之日本社)。季刊誌『珈琲時間』(大誠社)にて『喫茶の効用』連載中。『東京ディズニーリゾート便利帖』シリーズ(新潮社)、『ホリイのずんずん調査 かつて誰も調べなかった100の謎』(文藝春秋)、『KADOKAWAの年賀状』シリーズ(KADOKAWA)など、さまざまな媒体でイラストを担当。2013年からは喫茶店めぐりZINE『別冊カフェモンスター』を自ら制作し好評を得る。

Web : merizucca.com
Twitter & Instagram : @milippe

好評発売中！

今すぐ行きたくなる宝物のようなお店を紹介

飯塚めり 著
定価1600円（税別）

『東京喫茶帖（カフェノート）』

第1章＊人間交差点を楽しめる 街中喫茶店
第2章＊レトロ空間で贅沢なひとり時間を
第3章＊雨の日に似合う 見晴らしカフェ
第4章＊静寂はごちそう 瞑想空間カフェ
第5章＊乙女の気分を高める！ かわいいカフェ
第6章＊そこはまるでヨーロッパのカフェ「珈琲屋」の系譜
第7章＊カフェでだってお腹を満たせるのだ 喫茶ごはんを食べよう
第8章＊ときめくルックス！ デザートを楽しむなら
第9章＊紅茶専門店で 午前も午後もティーブレイク
第10章＊カルチャー発信地にしてサロン 次世代ハイブリッドカフェ

『東京喫茶録（カフェログ）』

第1章＊大衆店も駅前のお店も 街の「渋いい店」にとけこもう
第2章＊紳士な珈琲店、淑女な喫茶室
第3章＊その時間だけのお楽しみを味わう モーニング／ランチ／夜カフェ
第4章＊甘いものとカフェインはとびきりのパートナー 喫茶店デザートを求めて
第5章＊凝った空間で陶酔感倍増 建ものに酔う
第6章＊音がよければより深いひとりの境地へ 音楽をたのしむ喫茶店
第7章＊新しいのになつかしい 温故知新な喫茶店たち
第8章＊ここちよい茶話を楽しめる 紅茶専門店
第9章＊本と珈琲とのマリアージュ 読書に向くカフェたち

東京喫茶録
カフェログ
飯塚めり
CAFE LOG TOKYO
イラストでつむぐ喫茶店めぐりの記録

飯塚めり 著
定価1600円（税別）